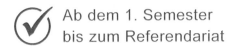 

KOMPAKT Zivilrecht
Prüfungsschema • Definitionen • Probleme

Sachenrecht und gesetzliche Schuldverhältnisse mit allgemeinem Schadensrecht

Friedrich Albrecht Lösener

4. Auflage

Jura Intensiv Verlags UG & Co. KG, Dinslaken, Juni 2024

Rechtsanwalt **Friedrich Albrecht Lösener** ist seit 2017 Dozent für das gesamte Zivilrecht bei **JURA INTENSIV**. In dieser Zeit hat er mehrere hundert Studenten und Referendare auf die Erste Staatsprüfung und das 2. Staatsexamen vorbereitet. In Karlsruhe bereitete Rechtsanwalt Lösener zivilrechtliche Verfahren beim Bundesgerichtshof vor und kennt die Prüfungspraxis der Justizprüfungsämter durch erfolgreiche Prüfungsanfechtungen, die er für die Kanzlei Dr. Heinze & Partner als Of Counsel bearbeitet. Sein Wissen zu Examensklassikern und der aktuellen Rechtsprechung gibt Rechtsanwalt Lösener regelmäßig in Wochenendseminaren weiter. Nähere Informationen zu seiner Kanzlei finden sich unter rechtsanwalt-loesener.de.

Autor
Friedrich Albrecht Lösener

Verlag und Vertrieb
Jura Intensiv Verlags UG (haftungsbeschränkt) & Co. KG
Duisburger Straße 95
46535 Dinslaken
info@verlag.jura-intensiv.de
www.verlag.jura-intensiv.de

Druck und Bindung
Druckerei Busch GmbH, Raiffeisenring 31, 46395 Bocholt

ISBN 978-3-96712-167-4

Dieses Skript oder Teile dieses Skriptes dürfen nicht vervielfältigt, in Datenbanken gespeichert oder in irgendeiner Form übertragen werden ohne die schriftliche Genehmigung des Verlages.

© Juni 2024, Jura Intensiv Verlags UG & Co. KG

Inhalt

GESCHÄFTSFÜHRUNG OHNE AUFTRAG (GOA) — 1
1. Teil: Echte berechtigte GoA — 2
2. Teil: Echte unberechtigte GoA — 10
3. Teil: Unechte GoA — 12

MOBILIARSACHENRECHT — 14
1. Teil: Rechtsgeschäftlicher Eigentumserwerb an beweglichen Sachen — 14
2. Teil: Belastung beweglicher Sachen — 29
3. Teil: Gesetzlicher und hoheitlicher Eigentumserwerb — 38

IMMOBILIARSACHENRECHT — 42
1. Teil: Rechtsgeschäftlicher Eigentumserwerb an unbeweglichen Sachen — 42
2. Teil: Hypothek — 44
3. Teil: Grundschuld — 48
4. Teil: Vormerkung — 53
5. Teil: Dingliches Vorkaufsrecht — 57

EIGENTÜMER-BESITZER-VERHÄLTNIS (EBV) — 60
1. Teil: Ansprüche des Eigentümers gegen den Besitzer — 60
2. Teil: Ansprüche des Besitzers gegen den Eigentümer — 70

DINGLICHE HERAUSGABE-, UNTERLASSUNGS- UND BESEITIGUNGS-, ENTSCHÄDIGUNGSANSPRÜCHE — 76

DELIKTSRECHT — 80
1. Teil: Rechtswidrigkeitshaftung — 80
2. Teil: Gefährdungshaftung — 92

ALLGEMEINES SCHADENSRECHT — 98

BEREICHERUNGSRECHT — 103
1. Teil: Leistungskondiktionen — 103
2. Teil: Nichtleistungskondiktionen — 114
3. Teil: Rückabwicklung in Mehrpersonenverhältnissen — 120

GESCHÄFTSFÜHRUNG OHNE AUFTRAG (GOA)

Die Geschäftsführung ohne Auftrag regelt als gesetzliches Schuldverhältnis Fälle, in denen jemand (Geschäftsführer) im Bereich eines anderen (Geschäftsherr) tätig wird, ohne dazu von ihm ermächtigt zu sein.
Dabei lassen sich drei Fallgruppen unterscheiden:
(1) Vom Geschäftsführer (GF) *gut gemeinte* und vom Geschäftsherrn (GH) auch *gewollte* Tätigkeit (echte berechtigte GoA),
(2) vom GF *gut gemeinte*, aber vom GH *nicht gewollte* Tätigkeit (echte unberechtigte GoA) und
(3) vom GF *nicht gut gemeinte* und vom GH *nicht gewollte* Tätigkeit (unechte angemaßte GoA).
Aus jeder Fallgruppe resultieren drei Anspruchsarten: Jeweils ein Schadensersatz- und Herausgabeanspruch des GH und ein Aufwendungsersatzanspruch des GF.

Ist dem GF nicht einmal bewusst, dass er im fremden Bereich tätig wird (unechte irrtümliche GoA), so finden nicht die Vorschriften der GoA, sondern sonstige gesetzliche Bestimmungen Anwendung (§§ 985 ff., 823 ff., 812 ff. BGB).

Systematischer Gesamtüberblick der Ansprüche aus GoA

Echte = Mit Fremdgeschäftsführungswillen (FGW)		Unechte = Mit Eigengeschäftsführungswillen (EGW)	
Berechtigte, § 683 1 (+)	Unberechtigte, § 683 1 (-)	Irrtümliche, § 687 I	Angemaßte, § 687 II

1. Geschäft
2. Fremd
3. FGW des GF
  a) Fremdgeschäftsführungsbewusstsein
  b) Wille zur Fremdnützigkeit
4. Ohne Auftrag
5. **Mit** Berechtigung
  a) Im Interesse und
  b) Mit Willen des GH
	1. Geschäft
	2. Fremd
	3. FGW des GF
	  a) Fremdgeschäftsführungsbewusstsein
	  b) Wille zur Fremdnützigkeit
	4. Ohne Auftrag
	5. **Ohne** Berechtigung
	  • **Ohne** Willen des GH und
	  • Keine Ausnahme (§ 679)
		1. Geschäft
		2. Fremd
		3. EGW des GF
		  a) **Kein** Fremdgeschäftsführungsbewusstsein
			1. Geschäft
			2. **Obj.** fremd
			3. EGW des GF
			  a) Fremdgeschäftsführungsbewusstsein
			  b) **Eigennutzwille**
			4. Ohne Auftrag
			5. **Ohne** Berechtigung
			6. **Kenntnis von fehlender Berechtigung**

Rechtsfolgen: • GH → GF, **Herausgabe** §§ 677, 681 S. 2, 667 • GH → GF, **SchadensE** §§ 280 I, 677, 241 II (Ausführungsverschulden) • GF → GH, **AufwendungsE** §§ 677, 683 S. 1, 670	Rechtsfolgen: • GH → GF, **Herausgabe** MM: §§ 812 ff. HM: §§ 677, 681 S. 2, 667 • GH → GF, **SchadensE** §§ 677, 678 (Übernahmeverschulden) • GF → GH, **AufwendungsE** §§ 677, 684 S. 1, 812	Rechtsfolge: *keine GoA-Ansprüche sondern ggf.:* §§ 985 ff. §§ 823 ff. §§ 812 ff.	Rechtsfolgen: • GH → GF, **Herausgabe** §§ 687 II 1, 681 S. 2, 667 • GH → GF, **SchadensE** §§ 687 II 1, 678 (Übernahmeverschulden) • GF → GH, **AufwendungsE** §§ 687 II 2, 684 S. 1, 812

1. Teil: Echte berechtigte GoA

PRÜFUNGSSCHEMA

GRUNDSCHEMA ECHTE BERECHTIGTE GOA

I. Geschäftsbesorgung durch GF
II. Fremdheit
III. Fremdgeschäftsführungswille des GF
  1. Fremdgeschäftsführungsbewusstsein
  2. Fremdgeschäftsführungswille i.e.S. (= Wille zur Fremdnützigkeit)
IV. Ohne Auftrag oder sonst. Berechtigung aus vertragl./gesetzl. Rechtsvhlt.
V. Berechtigung i.S.d. § 683 S. 1 BGB
  1. Im Interesse des GH
  2. Mit Willen des GH
    a) Vorrangig: Tatsächlicher Wille (oder Genehmigung, § 684 S. 2 BGB)
    b) Subsidiär: Mutmaßlicher Wille (vermutet)
    c) Ausnahme: Berechtigung trotz entgegenstehendem Willen, § 679 BGB
VI. Keine vorrangige Sonderregelung
VII. Rechtsfolgen:
  GH und GF haben wechselseitige Ansprüche; wegen der Verweise auf das Auftragsrecht in §§ 681 S. 2, 683 S. 1 BGB entsprechen diese weitgehend denen beim Auftrag (§§ 666-668 und § 670 BGB):

  1. Geschäftsführer → Geschäftsherrn, Aufwendungsersatz, §§ 677, 683 S. 1, 670 BGB
     ⓟ Rechtsfolge, § 670 BGB: Ersatz risikotypischer Begleitschäden
     ⓟ Rechtsfolge, § 670 BGB: Ersatz für Dienste, analog § 1877 III BGB
     ⓟ Rechtsfolge, § 670 BGB: Kürzung des Aufwendungsersatzanspruchs
  2. Geschäftsherr → Geschäftsführer, Herausgabe des aus dem Geschäft Erlangten, §§ 677, 681 S. 2, 667 BGB
     [Anm.: Auch Erlösherausgabe]
  3. Geschäftsherr → Geschäftsführer, Schadensersatz, §§ 280 I, 677, 241 II BGB
    a) Schuldverhältnis: Voraussetzungen der echten berechtigten GoA (s.o.)
    b) Pflichtverletzung, §§ 241 II, 677 BGB
    c) Vertretenmüssen, §§ 280 I 2, 276 ff. BGB
       [Anm.: Beachte Haftungsprivilegierung bei Gefahrenabwehr, § 680 BGB]
       ⓟ § 680 BGB analog bei Anscheinsgefahr
    d) Ersatzfähiger Schaden, §§ 249 ff. BGB

Geschäftsführung ohne Auftrag (GoA)

PRÜFUNGSSCHEMA

SCHEMA MIT DEFINITIONEN UND PROBLEMEN ECHTE BERECHTIGTE GOA

I. Geschäftsbesorgung durch GF

DEFINITION
Jedes tatsächliche oder rechtliche Tätigwerden [↔ bloßes Unterlassen]

II. Fremdheit

DEFINITION
Ein Geschäft ist fremd, wenn es sogar in den Pflichten-, immerhin in den Rechts- oder zumindest in den Interessenkreis des GH fällt.

[Anm.: Ggf. Inzidentprüfung, ob Geschäftsbesorgung eigentlich Pflicht des Geschäftsherrn aus § 1004 BGB oder § 861 BGB wäre.]

P Fremdes Geschäft beim Hilfeleisten zur Vermeidung einer Strafbarkeit gem. § 323c StGB?

P Fremdes Geschäft bei Selbstaufopferung im Straßenverkehr?

III. Fremdgeschäftsführungswille des GF
Im Zeitpunkt der Geschäftsführung; ggf. für den, den es angeht (§ 686 BGB)

1. Fremdgeschäftsführungsbewusstsein

DEFINITION
GF muss wissen, dass Geschäft fremd ist (kognitiv).

2. Fremdgeschäftsführungswille im engeren Sinne

DEFINITION
GF muss das Geschäft als ein fremdes führen wollen (voluntativ).

P Vermutung des Fremdgeschäftsführungswillen i.A.v. Art der Fremdheit des Geschäfts

P Fremdgeschäftsführungswille bei Erfüllung nichtiger Verträge mit Geschäftsbesorgungscharakter

IV. Ohne Auftrag oder sonst. Berechtigung aus vertragl./gesetzl. Rechtsvhlt.

V. Berechtigung i.S.d. § 683 S. 1 BGB
Maßgeblicher Zeitpunkt: *Beginn* der Geschäftsführung

1. Geschäft im Interesse des GH

DEFINITION
Das Geschäft entspricht dem Interesse des GH, wenn es aus Sicht eines objektiven Dritten aus dem Verkehrskreis des GH konkret vorteilhaft ist.

2. Mit Willen des GH (subjektive Beurteilungsperspektive)

a) Vorrangig: Tatsächlicher Wille (oder Genehmigung, § 684 S. 2 BGB)

- **P** Berechtigung, § 683 S. 1 BGB: Auseinanderfallen von Interesse und Willen des GH
- **P** Ermittlung des Willens beim nicht und beschränkt geschäftsfähigen GH

b) Subsidiär: Mutmaßlicher Wille

[Anm.: Der mutmaßliche Wille wird bei fehlenden anderen Anhaltspunkten entsprechend dem objektiven Interesse des GH vermutet].

c) Ausnahme: Berechtigung trotz entgegenstehendem Willen, § 679 BGB

- **P** Berechtigung bei Rettung eines Suizidenten
- **P** Berechtigte GoA bei Abschleppfällen

VI. **P** Kein Ausschluss, keine vorrangige Sonderregelung

VII. Rechtsfolge:

Die echte *berechtigte* GoA ist ein *Rechtsgrund* zum Behaltendürfen i.S.d. §§ 812 ff. BGB, soweit die Inbesitznahme Teil des Geschäfts war ein *Recht zum Besitz* i.S.d. § 986 I 1 BGB und bei ordnungsgemäßer Ausführung ein *Rechtfertigungsgrund* i.S.d. § 823 BGB.

GF und GH haben wechselseitige Ansprüche; ähnlich wie beim Auftrag (s.o.)

DIE WICHTIGSTEN PROBLEME – LÖSUNGSANSÄTZE

P Rechtsfolge, § 670 BGB: Ersatz risikotypischer Begleitschäden

[Fall: Bei einer Herz-Rhythmus-Massage hat Ersthelfer E sein Hemd mit Blut des Verletzten V verschmutzt. Kann E von V Erstattung der Reinigungskosten verlangen?].

<u>Lösung:</u> Die Reinigungskosten sind erstattungsfähig. Zwar stellen Aufwendungen i.e.S. in Abgrenzung zu Schäden (= unfreiwillige Vermögenseinbuße) nur *freiwillige* Vermögenseinbußen dar. Es wäre unbillig, dem regelmäßig unentgeltlich tätig werdenden GF auch noch infolge der Geschäftsführung eintretende Schäden aufzubürden. Deshalb sind über §§ 677, 683 S. 1, 670 BGB auch risikotypische Begleitschäden ersatzfähig (nach der Lit.: analog § 110 I Alt. 1 HGB). Risikotypisch (in Abgrenzung zum allg. Lebensrisiko) sind Gefahren, wenn sie nach Art der Geschäftsführung oder ihren konkreten Umständen mit einer gewissen Wahrscheinlichkeit verbunden sind.

Die h.M. kürzt bei einem „Mitverschulden" des GF am Begleitschaden den Anspruch analog § 254 BGB, wobei aber auch bezüglich des Mitverschuldens die Privilegierung des § 680 BGB entsprechend zu berücksichtigen ist.

Nach a.A. ist der Aufwendungsersatz bei auf reine Zufallsschäden begrenzt und ein Ersatz bei einem „Mitverschulden" des GF ausgeschlossen.

ⓟ Rechtsfolge, § 670 BGB: Entgelt für Dienste (analog § 1877 III BGB)
[Fall: Nach Feierabend leisten Chirurg C und Anwalt A dem O am Unfallort zwei Stunden Erste Hilfe. Vergütungsanspruch des C und A?]

Lösung: Der GH darf nicht erwarten, eine Geschäftsführung ohne Vergütung zu erhalten, für die er unter gewöhnlichen Umständen hätte bezahlen müssen. Allerdings kann der GF nur dann die tarifmäßige oder übliche Vergütung verlangen, wenn das Geschäft in sein Gewerbe oder seinen Beruf fällt, analog § 1877 III BGB (h.M.). C kann von O Vergütung für zwei Stunden verlangen (§§ 677, 683 S. 1, 670 BGB), während A keinen Vergütungsanspruch hat.

Vom Vergütungsanspruch ist der Ersatz von Verdienstausfall während der Zeit der Geschäftsbesorgung zu unterscheiden, der sich als freiwilliges Vermögensopfer stets unter § 670 BGB subsumieren lässt (im Auftragsrecht nicht ersatzfähig!).

ⓟ Rechtsfolge, § 670 BGB: Kürzung des Aufwendungsersatzanspruchs
Insbesondere beim auch-fremden Geschäft handelt der GF sowohl im eigenen als auch im Interesse des GH (Doppelinteresse). Aufwendungen sind dann konsequenterweise nur anteilig zu erstatten.

BEISPIEL: Sanierung einer gemeinsamen Giebelmauer

ⓟ § 680 BGB analog bei Anscheinsgefahr
Fraglich ist, ob die Haftungsprivilegierung des § 680 BGB auch dann greifen soll, wenn ex ante eine Gefahr vorlag, ex post jedoch nicht (= Anscheinsgefahr).

H.M. (+), wobei Uneinigkeit darüber besteht, ob der GF nur bei unverschuldetem oder auch bei (nur leicht) fahrlässigem Verkennen der wahren Lage in Genuss des § 680 BGB kommen soll (also in Fällen der Schein- bzw. Putativgefahr).

A.A. (-): § 680 BGB soll den GH in objektiven Gefahrenlagen schützen, indem der GF zur Hilfeleistung motiviert wird.

[Anm.: Einer analogen Anwendung der Haftungsprivilegierung auf § 839 BGB i.V.m. Art. 34 GG hat der BGH eine Absage erteilt.]

ⓟ Fremdes Geschäft beim Hilfeleisten zur Vermeidung einer Strafbarkeit gem. § 323c StGB
Aus § 323c StGB folgt nur eine Pflicht gegenüber der *Allgemeinheit* (§ 679 BGB) und strafrechtliche Konsequenzen bei unterlassener Hilfeleistung. Eine *individuelle* Pflicht des GF gegenüber dem GH zur Geschäftsführung, welche die Fremdheit entfallen ließe, kann aus der solidarischen Schadensabwehr in akuten Notlagen nicht abgeleitet werden. Vielmehr ist der GF ein austauschbarer Repräsentant der Allgemeinheit. Das Geschäft ist objektiv fremd und es besteht ein Anspruch auf Aufwendungsersatz, §§ 677, 683 S. 1, 670 BGB. Zusätzlich besteht ein Anspruch gegen den Träger der gesetzlichen Unfallversicherung, § 2 I Nr. 13 a) SGB VII.

Geschäftsführung ohne Auftrag (GoA)

ⓟ Fremdes Geschäft bei Selbstaufopferung im Straßenverkehr?
[Fall „Selbstaufopferung im Straßenverkehr" (BGH, Urt. v. 27.11.1962 - VI ZR 217/61): Pkw-Fahrer P kann eine Kollision mit einem verkehrswidrig abbiegenden Fahrradfahrer F nur noch verhindern, indem P gegen einen Baum fährt. Fremdes Geschäft?]

<u>Lösung:</u> Zur Vermeidung widersprüchlicher Ergebnisse (Schadensersatzpflicht des P nach § 7 I StVG bei gleichzeitigem Aufwendungsersatzanspruch des P aus §§ 677, 683 S. 1, 670 BGB) ist die Ausweichhandlung nur dann ein fremdes Geschäft, wenn P auch im Falle einer Kollision mit F wegen höherer Gewalt (§ 7 II StVG) nicht gehaftet hätte (vgl. S. 93). Das Geschäft ist objektiv fremd.

Hingegen besteht ein eigenes Geschäft (und damit kein GoA-Anspruch), wenn das Ausweichmanöver bloß zur Vermeidung einer eigenen Haftung des P aus § 7 I StVG diente: Bloß eigenes Geschäft. Keine GoA.

ⓟ Vermutung des Fremdgeschäftsführungswillen je nach Art der Fremdheit des Geschäfts

Art der Fremdheit des Geschäfts	Vermutung des FGW?
Obj. fremd **DEFINITION** Geschäft ist nach äußerlich erkennbaren Kriterien überwiegend GH zuzuordnen.	(+) **BEISPIEL:** A lässt Wasserrohrbruch seines urlaubsabwesenden Nachbarn reparieren.
Auch-fremd **DEFINITION** Geschäft ist nach äußerlich erkennbaren Kriterien gleichermaßen GH und GF zuzuordnen (Doppelinteresse).	g.h.M.: (+) e.A.: (-) FGW muss hinreichend nach außen in Erscheinung treten. a.A.: (+)/(-) Je nachdem, ob Geschäft schwerpunktmäßig GH oder GF zuzuordnen ist. **BEISPIEL:** Mieter löscht Wohnungsbrand.
Obj. neutral/subj. fremd **DEFINITION** Erst die innere Willensrichtung des GF ermöglicht die Zuordnung des Geschäfts an einen GH.	(-): FGW muss hinreichend nach außen in Erscheinung treten. **BEISPIEL:** Sammler S kauft ohne Auftrag ein Bild für seinen Freund F, das dieser schon lange sucht, und verlangt von ihm Erstattung des Kaufpreises.

ⓟ Fremdgeschäftsführungswille bei Erfüllung nichtiger Verträge mit Geschäftsbesorgungscharakter

BGH: GoA ist grundsätzlich anwendbar. Fremdgeschäftsführungswille wird vermutet. Es sei denn, für den Gegenstand der Geschäftsbesorgung besteht eine umfassende vertragliche Entgeltregelung (ggf. auch mit einem Dritten).

H.L.: Keine Anwendbarkeit der GoA: Leistet der GF i.S.d. Bereicherungsrechts (bewusste und zweckgerichtete Mehrung fremden Vermögens), fehlt der Fremdgeschäftsführungswillen, da er im Regelfall des § 812 I 1 Alt. 1 BGB eine vermeintliche Verbindlichkeit erfüllen will und insofern eine Pflicht zur Leistung annimmt. Damit fehlt das Bewusstsein von der Fremdheit des Geschäfts und somit ist die Vermutung des Fremdgeschäftsführungswillen widerlegt. Darüber hinaus regeln die §§ 812 ff. BGB die Rückabwicklung nichtiger Verträge abschließend. Schließlich darf die Wertung des § 817 S. 2 (analog) nicht unterlaufen werden.

[Fall: Werkunternehmer U verrichtet Fassadenarbeiten bei Besteller B, wobei eine „Ohne-Rechnung-Abrede" getroffen wurde. Anspruch auf „Vergütung" des U?]

Lösung: Der Werkvertrag verstößt gegen § 1 II Nr. 2 SchwArbG und ist daher nichtig (§ 134 BGB). Fordert U nun aus §§ 677, 683 S. 1, 670 BGB Aufwendungsersatz, ist die Anwendbarkeit der GoA nach der h.L. schon mangels Fremdgeschäftsführungsbewusstseins ausgeschlossen. Während nach Ansicht des BGH zwar die Voraussetzungen des Anspruchs vorliegen, U die Aufwendungen aber nicht für erforderlich halten durfte und diese daher ebenfalls nicht ersetzt bekommt (vgl. auch S. 111).

℗ Berechtigung, § 683 S. 1 BGB: Auseinanderfallen von Interesse und Willen des GH

Divergieren objektives Interesse und tatsächlicher Wille des GH, bemisst sich die Berechtigung wegen einer der Privatautonomie geschuldeten tel. Red. des § 683 S. 1 BGB grundsätzlich nach dem Willen („Wille überwindet Interesse"). Der Wille bleibt bei Geschäftsführungen im öffentlichen Interesse oder zur Erfüllung einer gesetzlichen Unterhaltspflicht ausnahmsweise außer Betracht (§ 679 BGB).

℗ Ermittlung des Willens beim nicht und beschränkt geschäftsfähigen GH

Beim beschränkt geschäftsfähigen und geschäftsunfähigen GH tritt der Wille der gesetzlichen Vertreter grundsätzlich an dessen Stelle. Bei juristischen Personen ist auf den Willen des geschäftsführenden Organs abzustellen (analog § 31 BGB).

℗ Berechtigung bei Rettung eines Suizidenten

Problematisch ist, ob der Retter (= GF) eines Suizidenten (= GH) Aufwendungsersatz nach §§ 677, 683 S. 1, 670 BGB für die Rettungsaktion verlangen kann, obgleich die Geschäftsführung gegen den Willen des GH stattfand.

BEISPIEL: Zerrissene Kleidung nach Rettung.

Während eine Ansicht den Willen des Suizidenten als sittenwidrig und damit nach § 138 BGB für unbeachtlich erklärt, zieht eine andere Ansicht den Rechtsgedanken des § 323c StGB heran. Wieder andere subsumieren unter die Herausforderungsfälle § 823 I BGB (vgl. Deliktsrecht S. 84), die h.M. geht hingegen wegen der überragenden Bedeutung des Rechtsguts Leben und der fehlenden Dispositionsbefugnis hierüber von einem öffentlichen Interesse analog § 679 BGB aus.

Mit der Begründung, § 679 BGB sei als Ausnahmevorschrift nicht analogiefähig, wird schließlich auch vertreten, eine unberechtigte GoA anzunehmen (§ 684 BGB).

Berechtigte GoA bei Abschleppfällen

[„Abschlepp-Fälle" (BGH, Urt. v. 11.03.2016 - V ZR 102/15 u.a.): P parkt seinen Pkw vor der Einfahrt der Hauseigentümerin H, sodass diese das Grundstück mit ihrem Kfz nicht mehr verlassen kann. In der Windschutzscheibe liegt ein Zettel mit der Notiz „Bin gleich zurück. Bitte nicht abschleppen!". H beauftragt dennoch den Abschleppdienst A mit der Entfernung des Fahrzeugs des P und verlangt Freistellung von den Abschleppkosten durch P. Zu Recht?]

Lösung: Zwar kann es noch im objektiven (= rechtstreuen) Interesse des P (= GH) liegen, den widerrechtlichen Parkzustand zu beseitigen, in seinem Willen wird der Abschleppvorgang allerdings nur dann gelegen haben, wenn dieser höhere Kosten vermieden hat *(Bsp.: Feuerwehreinsatz bei zugestellter Feuerwehrzufahrt)*. Dennoch wird der Wille des GH gem. § 679 BGB überwindbar sein, da der Verstoß gegen § 12 III Nr. 3 StVO öffentliche Interessen berührt und somit ein Freistellungsanspruch aus §§ 677, 683 S. 1, 670, 257 BGB besteht. Fraglich ist, ob darüber hinaus auch privatrechtliche Pflichten (hier: § 1004 BGB) ein öffentliches Interesse i.S.d. § 679 BGB begründen können. Richtigerweise ist dies nur im Falle der Gefährdung von Leib, Leben oder Freiheit (Polizeipflichten) und Verkehrssicherungspflichten anzunehmen.

Kein Ausschluss, keine vorrangige Sonderregelung

- In Fällen der *Selbstvornahme der Nacherfüllung durch den Käufer*, wodurch das Recht zur zweiten Andienung des Verkäufers unterlaufen wird, gebietet das abschließende Gewährleistungsrecht (§§ 434 ff. BGB) einen Ausschluss der GoA.

- Beim Innenausgleich zwischen *Gesamtschuldnern*, geht der § 426 BGB der GoA vor.

- Gefälligkeiten des täglichen Lebens können regelmäßig den Tatbestand des § 677 BGB nicht erfüllen.
  [Fall (BGH, Urt. v. 23.07.2015 - III ZR 346/14): Die minderjährige E spielte in der Mädchenmannschaft des Fußballvereins F. Als ihre Großmutter G die E und zwei weitere Vereinsmitglieder zu einem Tunier des F fuhr, kam es, von G unverschuldet, zu einem Unfall. Kann G von F Ersatz der Reparaturkosten verlangen?]
  Lösung: Für einen Anspruch aus §§ 662, 670 BGB i.V.m. § 110 HGB analog fehlt es am Rechtsbindungswille des Vereins. Dieser hatte G nicht zur Durchführung der Bringdienste aufgefordert (lediglich Gefälligkeit des täglichen Lebens). Ein Anspruch aus §§ 677, 683 S. 1, 670 BGB i.V.m. § 110 HGB analog kommt bei Gefälligkeit jedoch nicht in Betracht. Der BGH ließ offen, ob es schon an einer Geschäftsbesorgung i.S.d. § 677 BGB oder am sog. „Geschäftsübernahmewillen" fehle oder ein Fall des § 685 I BGB vorliege. Eine Pflichtverletzung oder eine, gem. § 31 BGB dem F zurechenbare, unerlaubte Handlung liegt fern. G hat gegen F keinen Anspruch.

- *Öffentlich-rechtliches Kostenrecht* verdrängt in Fällen hoheitlichen Handelns die GoA.
  [„Funkenflug-Fall" (BGH, Urt. v. 20.06.1963 - VII ZR 263/61): Eine Gemeinde verlangt von der Bundesbahn, deren Lokomotive durch Funkenflug einen Waldbrand verursachte, Ersatz der Löschaufwendungen der gemeindlichen Feuerwehr nach GoA.]

Lösung: Während der BGH früher die GoA in Ermangelung einer öffentlich-rechtlichen Kostentragungsregel entsprechend anwendete, wird dies heute unter Berufung auf den Vorbehalt des Gesetzes und die vorrangigen öffentlich-rechtlichen Kostentragungsregeln heute abgelehnt.

- Im Verhältnis Finder-Eigentümer sind die §§ 965 ff. BGB vorrangig. Zur Sperrwirkung des EBV vgl. S. 65.

- Keine Vergütung aus GoA können Detekteien für das Ausfindigmachen unbekannter Erben verlangen, da dies typische Vertragsvorbereitungshandlungen sind und anderenfalls die Privatautonomie des Erben unterlaufen werden würde, indem ihm die Entscheidung, einen Erbensucher zu beauftragen, aufgezwungen würde; vgl. *„Erbensucher-Fall"* (BGH, Urt. v. 23.09.1999 - III ZR 322/98). Aus diesem Grund scheitert auch ein Anspruch aus §§ 812 I 1 Alt. 1, 818 II BGB.

- Bei der *Lieferung/Erbringung unbestellter Leistungen* schließt § 241a I BGB auch Aufwendungsersatzansprüche aus GoA aus.

- In Fällen eigenmächtiger Instandsetzungs- und Instandhaltungsarbeiten am Gemeinschaftseigentum durch einen der Wohnungseigentümer, verdrängt der speziellere § 21 IV WEG („Verwaltung durch die Wohnungseigentümer") die Vorschriften der GoA und des Bereicherungsrechts. Das gilt nach geänderter Rechtsprechung des BGH sogar dann, wenn die von dem Wohnungseigentümer durchgeführte Maßnahme ohnehin hätte vorgenommen werden müssen.

2. Teil: Echte unberechtigte GoA

PRÜFUNGSSCHEMA

GRUNDSCHEMA ECHTE UNBERECHTIGTE GOA

I. Geschäft durch GF
II. Fremdheit
III. Fremdgeschäftsführungswille
 1. Fremdgeschäftsführungsbewusstsein
 2. Fremdgeschäftsführungswille i.e.S. (Wille zur Fremdnützigkeit)
IV. Ohne Auftrag oder sonstige Berechtigung
V. *Ohne* Berechtigung: kein Interesse/Wille des GH (kein § 679 BGB)
VI. ℗ Kein Ausschluss, vorrangige Sonderregelung (vgl. berechtigte GoA)
 Rechtsfolge: Die echte *unberechtigte* GoA gibt keinen Rechtsgrund zum Behaltendürfen i.S.d. §§ 812 ff. BGB, kein Recht zum Besitz i.S.d. § 986 I 1 BGB und keinen Rechtfertigungsgrund i.S.d. § 823 BGB, aber wechselseitige Ansprüche zwischen GH und GF:

 1. **Geschäftsherr → Geschäftsführer, Schadensersatz, § 678 BGB**
 [Ausreichend ist, dass der GH die Geschäftsführung fahrlässig, also trotz erkennbar fehlender Berechtigung, übernommen hat (Übernahmeverschulden). Ein Vertretenmüssen der zum Schaden führenden Umstände selbst ist nicht erforderlich. In Fällen der Geschäftsbesorgung zur Gefahrenabwehr (§ 680 BGB) ist dem GF ein Übernahmeverschulden nur bei Kenntnis oder grob fahrlässiger Unkenntnis von der Nichtberechtigung zur Last zu legen.]
 ℗ §§ 280 I, 677, 241 II BGB gegen GF einer unberechtigten GoA?

 2. **Geschäftsherr → Geschäftsführer, Herausgabe des aus dem Geschäft Erlangten, §§ 812 ff. BGB**
 ℗ Findet der §§ 677, 681 S. 2, 667 BGB erst recht gegen GF einer unberechtigten GoA Anwendung?

 3. **Geschäftsführer → Geschäftsherr, Aufwendungsersatz, §§ 677, 684 1, 812 BGB**
 [Anm.: Rechtsfolgenverweis auf das Bereicherungsrecht]
 ℗ Umfang des Aufwendungsersatzanspruchs

DIE WICHTIGSTEN PROBLEME – LÖSUNGSANSÄTZE

❓ §§ 280 I, 677, 241 II BGB gegen GF einer unberechtigten GoA
Fraglich ist, ob dem GH ein Schadensersatzanspruch aus §§ 280 I, 677, 241 II BGB zusteht, wenn dem GF ausnahmsweise kein Übernahmeverschulden (= Verschulden des GF hinsichtlich fehlender Berechtigung) vorzuwerfen ist und damit § 678 BGB scheitert.

Einheitslehre (+): Auch die unberechtigte GoA sei ein Schuldverhältnis. Folge: Zusätzlicher Schadensersatzanspruch des GH gegen den GF aus §§ 280 I, 677, 241 II BGB auch bei der unberechtigten GoA.

Trennungslehre (-): Die unberechtigte GoA sei *kein* Schuldverhältnis. Dem GH stehe gegen den GF allein ein Schadensersatzanspruch aus § 678 BGB zu.

❓ Findet der §§ 677, 681 S. 2, 667 BGB erst recht gegen GF einer unberechtigten GoA Anwendung?
BEISPIEL: GF betankt das komplett leer gefahrene Auto des Nachbarn (GH) versehentlich mit falschem Kraftstoff. Wonach kann der GF Herausgabe des Kraftstoffs ersatzweise Wertersatz verlangen, wenn der Nachbar geltend macht, diesen bereits entsorgt zu haben?

Der GF ist dem Nachbarn wegen unberechtigten Besorgens eines fremden Geschäfts zum Schadensersatz verpflichtet, § 678 BGB. Fraglich ist, nach welchen Vorschriften der GF wenigstens den abgepumpten Treibstoff herausverlangen kann (z.B. zwecks Weiterverwendung im Rasenmäher).

E.A. Teile der Einheitslehre: Wenn schon bei der angemaßten Eigengeschäftsführung über § 687 II 1 BGB auf § 681 S. 2 BGB verwiesen wird, muss die Norm erst recht (a fortiori) bei der unberechtigten GoA Anwendung finden. Zudem ist dem Wortlaut keine Beschränkung auf die berechtigte GoA zu entnehmen.

A.A. Trennungslehre: Widersprüchliche Ergebnisse zur Herausgabepflicht des GH nach §§ 677, 684 S. 1, 812 BGB drohten. Folge: Herausgabe nur gem. §§ 812 ff.

Zu unterschiedlichen Ergebnissen kommen die Ansichten nur, wenn sich der GH – wie hier – auf Entreicherung (§ 818 III BGB) berufen kann, was nur nach der Trennungslehre möglich ist.

❓ Umfang des Aufwendungsersatzanspruchs des GF
Unstreitig ist der Anspruch ausgeschlossen, wenn GH entreichert ist (§ 818 III BGB). Strittig ist, ob darüber hinaus Einschränkungen vorzunehmen sind:

E.A.: Maximal im Umfang des § 670 BGB, um den GF einer unberechtigten GoA nicht besser zu stellen, als den GF einer berechtigten GoA, der nur Aufwendungen ersetzt bekommt, die er *für erforderlich halten durfte*.

A.A.: Als spezieller Kondiktionsanspruch ist Abschöpfung jeder Bereicherung beim GH umfasst. Regelmäßiges Folge-❓: Aufgedrängte Bereicherung [vgl. S. 106].

3. Teil: Unechte GoA

Die unechte GoA lässt sich in irrtümliche (§ 687 I BGB) und angemaßte Eigengeschäftsführung (§ 687 II BGB) unterteilen. Die irrtümliche Eigengeschäftsführung liegt in Fällen des fehlenden Fremdgeschäftsführungs*bewusstseins* vor. Ein Fall der angemaßten Eigengeschäftsführung besteht bei fehlendem *Willen* des GF zur Fremdnützigkeit im Bewusstsein der Fremdheit des Geschäfts. Bei der unechten irrtümlichen GoA bleibt im Gutachten nur festzustellen, dass die Regeln der GoA keine Anwendung finden.

Bei der unechten angemaßten GoA werden die §§ 677 ff. BGB modifiziert:

PRÜFUNGSSCHEMA

GRUNDSCHEMA UNECHTE ANGEMASSTE GOA

I. Objektiv fremdes Geschäft
II. Eigengeschäftsführungswille
III. Ohne Auftrag oder sonstige Berechtigung
IV. Ohne Berechtigung i.S.d. § 683 S. 1 BGB
V. Kenntnis der fehlenden Berechtigung
VI. Rechtsfolgen:

1. Geschäftsherr → Geschäftsführer, Herausgabe des aus dem Geschäft Erlangten, §§ 687 II 1, 681 S. 2, 667 BGB

   [Anm.: Insbesondere auch Erlösherausgabe]

   ⓟ Unberechtigte Untervermietung

2. Geschäftsherr → Geschäftsführer, Schadensersatz, §§ 687 II 1, 678 BGB

   [Anm.: Auf Haftungsprivilegierung des § 680 BGB wird nicht verwiesen.]

   Nur, wenn der GH GoA-Ansprüche geltend macht, kann der GF seinerseits folgende Ansprüche geltend machen:

3. Geschäftsführer → Geschäftsherr, Aufwendungsersatz, §§ 687 II 2, 684 1, 812 BGB

   [Anm.: Macht der GH nur Ansprüche aus §§ 987 ff., 823 ff., 812 ff. BGB geltend, hat der GF auch keinen Aufwendungsersatzanspruch aus §§ 812 I 1 Alt. 2, 818 II BGB.]

DIE WICHTIGSTEN PROBLEME – LÖSUNGSANSÄTZE

℗ Unberechtigte Untervermietung
[Fall „Unberechtigte Untervermietung" (BGH, Urt. v. 13.12.1995 - XII ZR 194/93): Mieter M vermietet die bei V gemietete Wohnung ohne dessen Zustimmung (§ 540 BGB) für den doppelten Mietzins an Untermieter U. Als V davon erfährt, verlangt er den Mehrerlös von M heraus. Zu Recht?].

Lösung: Ein Anspruch des V aus §§ 280 I, 241 II BGB scheitert mangels Schadens. Da das Nutzungsrecht während der Mietdauer vollständig dem M zugewiesen war, sodass dieser mit der Untervermietung ein eigenes Geschäft führte, scheidet ein Anspruch gem. §§ 687 II, 681 S. 2, 667 BGB mangels Fremdheit des Geschäfts aus. Ohne EBV (Mietvertrag als Recht zum Besitz) besteht kein Anspruch aus §§ 987, 990 I BGB (Lehre vom Nicht-so-berechtigten-Besitzer lehnt die h.M. ab). Auch ein Anspruch aus § 823 I BGB kommt ohne Rechtsverletzung des V nicht in Betracht. Für § 816 I 1 BGB fehlt es an einer Verfügung des M und für eine analoge Anwendung der Vorschrift fehlt es mit Blick auf Erlösherausgabeansprüche in § 285 BGB und dem o.g. Anspruch aus GoA an einer Regelungslücke. § 812 I 1 Alt. 2 BGB (M erlangte Untermietzins bzw. tatsächliche Möglichkeit zur Untervermietung) scheitert am Vorrang der Leistungsbeziehung M zu U bzw. mangels Eingriffs in den Zuweisungsgehalt eines Rechts des V. Dem V bleibt nur die Kündigung wegen unbefugter Überlassung an Dritte (§ 543 II 1 Nr. 2 BGB).

MOBILIARSACHENRECHT

1. Teil: Rechtsgeschäftlicher Eigentumserwerb an beweglichen Sachen

PRÜFUNGSSCHEMA

GRUNDSCHEMA EIGENTUMSERWERB NACH § 929 S. 1 BGB

   I. Einigung über Eigentumsübergang, §§ 104 ff. BGB
   II. Übergabe
   1. Vollständiger Besitzverlust auf Veräußererseite
   2. Besitzerlangung auf Erwerberseite
   3. Auf Veranlassung des Veräußerers zu Übereignungszwecken
   III. Einigsein bei Übergabe
   IV. Verfügungsberechtigung im Zeitpunkt der Übergabe

SCHEMA MIT DEFINITIONEN UND PROBLEMEN EIGENTUMSERWERB NACH § 929 S. 1 BGB

   I. Einigung über Eigentumsübergang, §§ 104 ff. BGB
   - ℗ Aufschiebende Bedingung, § 158 I BGB (insbes. Eigentumsvorbehalt)
   II. Übergabe
   1. Vollständiger Besitzverlust auf Veräußererseite
   - ℗ Übergabe bei Geheißperson auf Veräußererseite

   DEFINITION
   Geheißperson ist, wer ohne Besitzdiener (§ 855 BGB) oder Besitzmittler (§ 868 BGB) zu sein, objektiv das Geheiß des Veräußerers bzw. Erwerbers befolgt und sich subjektiv dessen Weisungen auch tatsächlich unterordnet *[Anm.: Unterordnung für juristische Sekunde genügt]*.

   2. Besitzerlangung auf Erwerberseite
   [Anm.: mittelbarer Besitz genügt]
   - ℗ Übergabe bei Geheißperson auf Erwerberseite
   - ℗ Übergabe beim doppelten Geheißerwerb (abgekürzte Lieferung)
   3. Auf Veranlassung des Veräußerers zu Übereignungszwecken
   - ℗ Übergabe: Wechsel in der Person des unmittelbaren Besitzers erforderlich?
   III. Einigsein bei Übergabe (kein Widerruf)
   [Anm.: An die dingliche Einigung sind die Parteien bis zur Übergabe nicht gebunden, arg. ex § 873 II BGB]

IV. Verfügungsberechtigung im Zeitpunkt der Übergabe
- Nicht verfügungsbeschränkter Eigentümer oder
- Kraft rechtsgeschäftlicher Ermächtigung, § 185 I BGB oder *[Anm.: § 185 II BGB regelt Erwerb vom Nichtberechtigten]*
- Kraft Gesetzes verfügungsberechtigt

    BEISPIEL: Insolvenzverwalter (§ 80 InsO), Testamentsvollstrecker (§ 2205 BGB), Nachlassverwalter (§ 1985 I BGB), Zwangsverwalter (§ 152 ZVG).

P Verfügungsberechtigung: Relative Verfügungsverbote (§ 135 BGB)

P Rückerwerb des Nichtberechtigten vom gutgläubigen Erwerber

DIE WICHTIGSTEN PROBLEME – LÖSUNGSANSÄTZE

P Einigung unter aufschiebender Bedingung, § 158 I BGB (insbes. Eigentumsvorbehalt)
Vereinbaren die Parteien im Kaufvertrag, welcher der Übereignung zugrunde liegt, einen *einfachen Eigentumsvorbehalt* (§§ 433, 449 I BGB), ist im Zweifel anzunehmen, dass die dingliche Einigung erst mit Bedingungseintritt in Form der vollständigen Kaufpreiszahlung wirksam wird (§ 158 I BGB). Weitere Formen:

Erweiterter Eigentumsvorbehalt: Bedingungseintritt erfordert nicht nur Kaufpreiszahlung, sondern auch Erfüllung *aller* noch offenen Forderungen des Vorbehaltsverkäufers aus der Geschäftsbeziehung.

Verlängerter Eigentumsvorbehalt: Einfacher Eigentumsvorbehalt plus Verfügungsermächtigung des Vorbehaltskäufers (§ 185 I BGB), die Kaufsache im ordentlichen Geschäftsgang weiterzuveräußern, wobei eine Abtretung der aus der Weiterveräußerung erlangten Forderungen bereits im Voraus vereinbart wird (Vorausabtretung).

In der Regel bleibt der Vorbehaltskäufer zur Einziehung dieser Forderungen gegenüber seinen Abnehmern befugt (Einziehungsermächtigung analog § 185 I BGB) und leitet den Erlös dann an den Vorbehaltsverkäufer weiter.

[Fall „Schutz des Vorbehaltskäufers vor Zwischenverfügungen": V veräußert unter einfachem Eigentumsvorbehalt seinen Pkw an K und überlässt ihm diesen. Noch vor vollständiger Kaufpreiszahlung übereignet V an D durch Abtretung seiner Herausgabeansprüche gegen K (§§ 929 S. 1, 931 BGB). K zahlt sodann den Kaufpreis. Wer ist Eigentümer?]

<u>Lösung:</u> Der Erwerber (K) erlangt nach der Überlassung der Sache ein Anwartschaftsrecht, welches ihn vor Zwischenverfügungen schützt, § 161 I 1 BGB. Zum Ersterwerb des Anwartschaftsrechts vgl. im Einzelnen S. 34. D erwirbt zwar zwischenzeitliches Eigentum vom berechtigten V. Mit Bedingungseintritt (Kaufpreiszahlung) erstarkt das Anwartschaftsrecht des K jedoch zum Eigentum, womit der Erwerb des D nach § 161 I 1 BGB unwirksam ist. Ein gutgläubiger anwartschaftsrechtsfreier Erwerb des D nach § 936 I 1 BGB scheiterte nach h.M. am unmittelbaren Besitz des K, § 936 III BGB (Anwartschaftsrecht als Last des Eigentums). Behandelt man den gutgläubigen anwartschaftsrechtsfreien (lastenfreien) Erwerb mit der

Gegenansicht nach § 161 III i.V.m. §§ 932-934 BGB, wendet auch diese § 936 III BGB analog an (Anwartschaftsrecht als wesensgleiches Minus zum Vollrecht Eigentum).

[Anm.: Zu der Frage, ob das Anwartschaftsrecht vor Bedingungseintritt gegenüber dem Zwischenerwerber ein Recht zum Besitz gibt, vgl. S. 61]

ⓟ Übergabe bei Geheißperson auf Veräußerer- bzw. Erwerberseite
Für einen Besitz*verlust* müsste der Veräußerer zunächst Besitz gehabt haben. Wenn der Veräußerer selbst nicht (un-)mittelbarer Besitzer ist, reicht es aus, dass eine Geheißperson Besitz verloren hat (Übergabe ist Realakt, daher keine Stellvertretung möglich).

Umgekehrt genügt es für den Besitz*erwerb* auf Erwerberseite, dass die Geheißperson des Erwerbers Besitz erlangt.

[Zur Problematik der Scheingeheißperson s.u. Gutgläubiger Erwerb S. 19.]

ⓟ Übergabe beim doppelten Geheißerwerb (abgekürzte Lieferung)
[Fall: K aus Köln kauft bei V aus Freiburg einen Kaffeevollautomaten. V lässt den Automaten beim Hersteller H in Köln – im Gebäude ein Stockwerk unter den Räumen des K - anfertigen. V weist H an, den Automaten direkt an K zu liefern, womit sich auch K einverstanden erklärt. H liefert an K. Wer ist Eigentümer?]

<u>Lösung:</u> Fraglich ist, ob die Übergaben glückten. Eine Übergabe erfordert den vollständigen Besitzverlust auf Veräußererseite und den Erwerb irgendeiner Besitzposition auf Erwerberseite. Hier hat V beim Erwerb von H (1. Übereignung) selbst keinen Besitz erlangt und V bei der Veräußerung an K (2. Übereignung) dementsprechend auch keinen Besitz verlieren können. Durch die Lieferung des H an K ereigneten sich in einem Akt *zwei* Übereignungen. H übereignete zunächst an V, wobei K als Geheißperson des V auf Erwerberseite fungiert, sodass es zum Besitzerwerb auf Erwerberseite kam. Eine juristische Sekunde später erwarb K von V Eigentum, wobei nun H als Geheißperson des V auf Veräußererseite tätig wurde, sodass es zum vollständigen Besitzverlust auf Veräußererseite kommen konnte (Durchgangserwerb).

[Anm.: Stellt sich nun die Nichtigkeit eines Verpflichtungsgeschäfts heraus, liegt eine bereicherungsrechtliche Durchlieferungskonstellation vor, vgl. S. 119]

ⓟ Übergabe: Wechsel in der Person des unmittelbaren Besitzers erforderlich?
In folgenden Konstellationen, in denen die Übergabe in einer einzigen Person vollzogen wird, ist fraglich, ob dem sachenrechtlichen *Publizitätsprinzip* genügt wird:

- Veräußerer ist auch Besitzdiener des Erwerbers.
- Besitzdiener des Veräußerers ist *gleichzeitig* Besitzdiener des Erwerbers.
- Besitzmittler des Veräußerers ist *gleichzeitig* Besitzmittler des Erwerbers.

E.A.: Zur Wahrung der Publizität der dinglichen Übereignung muss die Übergabe nach außen hin sichtbar werden. Daher: Verstoß gegen das Publizitätsprinzip.

H.M.: Ausreichend ist der vollständige Besitzverlust des Veräußerers. Dabei ist unerheblich, ob der unmittelbare Besitz beim (ehemaligen) Besitzdiener oder Besitzmittler verbleibt und sich der Erwerber zur Besitzbegründung derselben Person bedient. Erforderlich ist aber ein tatsächlicher Vollzugsakt. Daher: Kein Verstoß.

ⓟ Verfügungsberechtigung: Relative Verfügungsverbote (§ 135 BGB)

Relative Verfügungsverbote bezwecken den Schutz bestimmter Personen und führen zum Verlust der Verfügungsbefugnis, sodass noch ein Erwerb vom Nichtberechtigten denkbar ist (vgl. § 135 II BGB).

BEISPIEL: § 136, § 161 III BGB, § 2113 III BGB, § 2211 II BGB, § 19 HGB, § 21 HGB.

[Anm.: Absolute Verfügungsverbote führen hingegen zur Nichtigkeit der dinglichen Einigung, vgl. S. 19]

ⓟ Rückerwerb des Nichtberechtigten vom gutgläubigen Erwerber

Veräußert ein Nichtberechtigter einen Gegenstand an einen Gutgläubigen und erwirbt diesen anschließend von diesem wieder zurück, stellt sich die Frage, ob der Nichtberechtigte Eigentum erworben hat oder das Eigentum wieder dem früheren Eigentümer zusteht.

H.M.: Vormals Nichtberechtigter wird Eigentümer, aber Anspruch des ursprünglichen Eigentümers auf Übereignung aus §§ 280 I, III, 283 i.V.m. § 249 I BGB sowie aus § 823 I i.V.m. § 249 I BGB.

A.A.: Erfolgt der Rückerwerb aufgrund eines *neuen* Verpflichtungsgeschäfts, erwirbt der Nichtberechtigte Eigentum (wie h.M.). Findet der Rückerwerb dagegen im Rahmen *desselben* Verpflichtungsgeschäfts statt, fällt das Eigentum ipso iure an den ursprünglichen Eigentümer zurück.

PRÜFUNGSSCHEMA

**GRUNDSCHEMA EIGENTUMSERWERB VOM NICHTBERECHTIGTEN,
§§ 929 S. 1, 932 I 1, II BGB**

I. Rechtsgeschäft (Einigung + Übergabe) i.S.e. Verkehrsgeschäfts

II. Rechtsschein der Berechtigung: Übergabe, § 1006 I BGB

III. Gutgläubigkeit des Erwerbers (vermutet – „es sei denn", § 932 I 1 BGB)

IV. Kein Ausschluss infolge Abhandenkommens, § 935 I BGB

**SCHEMA MIT DEFINITIONEN UND PROBLEMEN
EIGENTUMSERWERB VOM NICHTBERECHTIGTEN, §§ 929 S. 1, 932 I 1, II BGB**

I. Rechtsgeschäft (Einigung + Übergabe) i.S.e. Verkehrsgeschäfts

> **DEFINITION**
> Verkehrsgeschäft, wenn auf der Erwerberseite mindestens eine Person beteiligt ist, die wirtschaftlich betrachtet nicht zugleich auf Veräußererseite steht.

- ⓟ Absolute Verfügungsbeschränkung (§ 134 BGB)
- ⓟ Wirtschaftliche Personenidentität

II. Rechtsschein der Berechtigung: Übergabe, § 1006 I BGB

- ⓟ Rechtsschein bei Erwerb über Scheingeheißperson

III. Gutgläubigkeit des Erwerbers (vermutet – „es sei denn", § 932 I 1 BGB)

- ⓟ Zurechnung der Unredlichkeit, analog § 166 BGB
  - Im Zeitpunkt der Übergabe (letztes Erwerbsmerkmal)
  - Maßstab: Keine Kenntnis oder grob fahrlässige Unkenntnis, § 932 II BGB
    - ⓟ Grob fahrlässige Unkenntnis beim Fahrzeugkauf
  - Bezugspunkt: Eigentümerstellung ohne Verfügungsbeschränkungen

  [Anm.: Bei vorheriger Verfügung eines Dritten an den Veräußerer schadet auch Unredlichkeit bezüglich deren Anfechtbarkeit, § 142 II BGB]

- ⓟ Erweiterter Bezugspunkt beim Erwerb vom Kaufmann, § 366 I HGB

IV. Kein Ausschluss infolge Abhandenkommens, § 935 I BGB

> **DEFINITION**
> Abhandenkommen ist der Verlust des *unmittelbaren* Besitzes ohne natürlichen Willen des Eigentümers bzw. dessen Besitzmittler

- ⓟ Grenzfälle des Abhandenkommens und gutgläubiger Erwerb abhandengekommener Sachen

> **DEFINITION**
> Geld ist jeder staatlich beglaubigte und als öffentliches Zahlungsmittel bestimmte Wertträger ↔ Sammlermünzen.

> **DEFINITION**
> Inhaberpapiere sind Wertpapiere, bei denen das Recht aus dem Papier dem Recht am Papier folgt.
>
> **BEISPIEL:** Anweisung § 783 BGB, Scheck, Wechsel oder Inhaberschuldverschreibung § 793 BGB.
>
> *[Anm.: Namenspapiere sind dagegen Wertpapiere, bei denen das Recht am Papier gem. § 952 BGB dem Recht aus dem Papier folgt (nach Abtretung des Rechts aus dem Papier gem. § 398 BGB).]*
>
> **ⓟ** Gutgläubiger Erwerb vom minderjährigen Nichteigentümer

DIE WICHTIGSTEN PROBLEME – LÖSUNGSANSÄTZE

ⓟ Absolute Verfügungsbeschränkungen (§ 134 BGB)

Absolute Verfügungsverbote bezwecken (auch) den Schutz der Allgemeinheit und führen als Verbotsgesetze zur Nichtigkeit des Rechtsgeschäfts (zusammengesetzt aus Einigung + Übergabe), sodass sogar der Gutglaubenserwerb ausgeschlossen ist.

BEISPIEL: § 1365, § 1369, § 1984 BGB und § 80 InsO (Beachte: § 81 I 2 InsO ermöglicht bei Immobiliarsachenrechten einen Gutglaubenserwerb).

[Anm.: Abgrenzung zu Relativen Verfügungsverboten vgl. S. 17]

ⓟ Wirtschaftliche Personenidentität

Wirtschaftlich (nicht nur rechtlich) gesehen müssen Veräußerer und Erwerber personenverschieden sein (h.M.).

BEISPIEL: Eine OHG, bestehend aus drei Gesellschaftern, veräußert eine ihr nicht gehörende Sache an eine weitere GbR, die aus denselben drei Gesellschaftern besteht. Das Verbot des Insichgeschäfts (§ 181 BGB) greift zwar nicht, weil die Mehrfachvertretung (sowohl die OHG als auch die GbR von denselben Vertretern) entweder konkludent gestattet ist oder zur Erfüllung einer Verbindlichkeit diente. Aber da zwischen den Gesellschaften bei wirtschaftlicher Betrachtung Identität besteht, scheidet ein gutgläubiger Erwerb der GbR aus.

ⓟ Rechtsschein bei Erwerb über Scheingeheißperson

> **DEFINITION**
> Scheingeheißperson ist wer, ohne Besitzdiener (§ 855 BGB) oder Besitzmittler (§ 868 BGB) zu sein, objektiv das Geheiß des Veräußerers bzw. Erwerbers befolgt, sich aber subjektiv den Weisungen *nicht* unterordnet.

© Jura Intensiv Verlags UG & Co. KG

Nachdem die Übergabe mittels (Schein-)Geheißperson bejaht wurde (vgl. S. 16), stellt sich im Rahmen des Gutglaubenserwerbs das Folgeproblem, ob auch eine *Schein*geheißperson des Veräußerers (kein eigener Besitz des Veräußerers!) ausreicht, um für diesen einen Rechtsschein der Berechtigung zu erzeugen. Der gutgläubige Erwerb mittels „normaler" Geheißperson ist indes – abgesehen von der Übergabe – unproblematisch möglich.

[Fall: Veräußerer V veranlasst den wahren Eigentümer E durch Täuschung, an den gutgläubigen Kunden K zu liefern, worauf dieser den liefernden E irrtümlich als Geheißperson des V ansieht.]

Lösung: Nach Ansicht des BGH erzeuge aus Erwerbersicht auch die Übergabe mittels einer Scheingeheißperson den Eindruck von Besitzverschaffungsmacht und damit einen hinreichenden Rechtsschein der Berechtigung. Auch ein Vergleich zum gutgläubigen Erwerb nach §§ 929 S. 1, 934 Alt. 2 BGB (vgl. S. 27), welcher ebenfalls keinen Besitz des Veräußerers voraussetzt, spreche für die Bejahung des Gutglaubenserwerbs mittels Scheingeheißperson. Schließlich liege auch kein Abhandenkommen bei E vor, da § 935 I BGB nach h.M. nicht vor irrtumsbedingten Weggaben schütze (vgl. S. 21). Gutgläubiger Erwerb des K von V (+).

Nach der h.L. überdehne die Figur der Scheingeheißperson den Gutglaubenserwerb, sodass der Erwerb mangels tauglichen Rechtsscheinträgers scheitere. Erwerb (-).

Ⓟ Zurechnung der Unredlichkeit analog § 166 BGB

Für alle Gutglaubenserwerbstatbestände gilt: lässt sich der Erwerber beim Verfügungsgeschäft vertreten, kommt es neben seiner eigenen Gutgläubigkeit zusätzlich auch auf die Gutgläubigkeit seines Vertreters an. Bei Gesamtvertretung ist Gutgläubigkeit aller Vertreter nötig (Rechtsgedanke aus § 125 II 3 HGB).

Die etwaige Unredlichkeit von Hilfspersonen, die ausschließlich im Rahmen der Übergabe tätig werden *(Bsp.: Besitzdiener)*, ist dagegen unbeachtlich.

Ⓟ Grob fahrlässige Unkenntnis beim Fahrzeugkauf

Wer sich den Kfz-Brief (Zulassungsbescheinigung Teil II) hat vorlegen lassen, handelt grundsätzlich nicht grob fahrlässig, wenn er vom Eingetragenen erwirbt (analog § 952 II BGB). Umstände des Geschäfts können jedoch ausnahmsweise eine Nachforschungsobliegenheit des Erwerbers begründen.

BEISPIEL: Übergabe in Bahnhofsnähe um Mitternacht; Barkauf eines Pkw weit unter Wert (mind. 2/3 unter Wert).

Beim Neuwagenkauf von einem autorisierten Kfz-Händler muss dieser nicht im Kfz-Brief eingetragen sein. Entsprechendes gilt regelmäßig beim Gebrauchtwagenkauf von einem gewerblichen Gebrauchtwagenhändler, dessen Eintragung unüblich ist, weil mit jeder Neuzulassung ein Wertverlust eintritt. Außerdem kommt § 366 I HGB in Betracht (vgl. sogleich folgendes Ⓟ).

Ⓟ Erweiterter Bezugspunkt beim Erwerb vom Kaufmann, § 366 I HGB

Erweiterter Bezugspunkt der Gutgläubigkeit auch auf die Verfügungsbefugnis (§ 185 I BGB) beim kaufmännischen Veräußerer, der im Betrieb seines Handelsgewerbes (vermutet, § 344 HGB) eine bewegliche Sache veräußert.

ᴾ Grenzfälle des Abhandenkommens und gutgläubiger Erwerb abhandengekommener Sachen

Abhandenkommen bei: Weggabe durch Besitzdiener (§ 855 BGB) ohne Willen des Besitzherrn (h.M.: Wille des Besitzdieners unbeachtlich), Weggabe durch Nichterben ohne Willen des Erben (§ 857 BGB), bei willensbrechender Gewalt (vis absoluta), Weggabe Geschäftsunfähiger ohne Willen der gesetzlichen Vertreter.

[Anm.: In Bezug auf Geschäftsunfähige und beschränkt Geschäftsfähige wird die Einordnung als natürlicher Wille nicht konsequent durchgehalten.]

Kein Abhandenkommen: bei Weggabe durch beschränkt Geschäftsfähigen soweit Urteilsfähigkeit (analog § 828 III BGB) hinsichtlich Bedeutung der Weggabe vorhanden (h.M.), bei unfreiwilligem Besitzverlust des Besitzmittlers, wenn Besitzwechsel dem Willen des Eigentümers entspricht, bei irrtümlicher Weggabe (h.M.), bei vis compulsiva (sog. willensbeugende Gewalt), bei Wegnahme durch Hoheitsakt, bei Weggabe durch Organ einer Gesellschaft, weil das Organ den maßgeblichen Besitzwillen für die Gesellschaft bildet.

Trotz Abhandenkommens können Geld und Inhaberpapiere *(Bsp.: Lotterielos, Briefmarken, Theater- und Fahrkarte)* sowie Sachen im Wege einer öffentlichen Versteigerung (vgl. § 383 III 1 BGB) bzw. behördlichen Internetversteigerung gutgläubig erworben werden, § 935 II BGB.

ᴾ Gutgläubiger Erwerb vom minderjährigen Nichteigentümer

[Fall: Minderjähriger verfügt über fremde Sache (neutrales Geschäft).]

Lösung: E.A.: tel. Reduktion des § 932 BGB. Arg.: Der auf Eigentümerstellung des Minderjährigen vertrauende, gutgläubige Erwerber soll nicht bessergestellt werden, als er bei Richtigkeit seiner Fehlvorstellung stünde: Wäre der Minderjährige – wie vom gutgläubigen Erwerber vorgestellt – wirklich Eigentümer, läge ein rechtlich nachteiliges und damit schwebend unwirksames Geschäft vor.

H.M.: lehnt tel. Reduktion aus Gründen des Verkehrsschutzes ab, da Minderjährigenschutz nicht betroffen.

PRÜFUNGSSCHEMA

SCHEMA EIGENTUMSERWERB „KURZER HAND", § 929 S. 2 BGB

I. Einigung über Eigentumsübergang, §§ 104 ff. BGB

> **DEFINITION**
> Bestimmtheitsgrundsatz: Ein Dritter muss nur anhand Einigung im Zeitpunkt des Eigentumsübergangs erkennen können, auf welche Gegenstände sich die dingliche Einigung bezieht.
>
> *[Anm.: Gilt allgemein für die dingliche Einigung, ist aber bei § 929 S. 1 BGB i.d.R. kein Problem, da die Übergabe der Sache zur Bestimmtheit beiträgt.]*

II. Besitz des Erwerbers

III. Kein Besitz des Veräußerers

IV. Verfügungsberechtigung im Zeitpunkt der Einigung

SCHEMA EIGENTUMSERWERB VOM NICHTBERECHTIGTEN, §§ 929 S. 2, 932 I 2, II BGB

I. Rechtsgeschäft (Einigung) i.S.e. Verkehrsgeschäfts

II. Rechtsschein der Berechtigung: Besitz bei früherer Übergabe, § 1006 II BGB

[Anm.: Die Übergabe i.S.d. § 929 S. 2 BGB muss anders als die Übergabe i.S.d. § 929 S. 1 BGB nicht zu Veräußerungszwecken erfolgt sein.]

III. Gutgläubigkeit (vermutet – „es sei denn", § 932 I 1 BGB)
- Im Zeitpunkt der Einigung (letztes Erwerbsmerkmal)
- Maßstab: Keine Kenntnis oder grob fahrlässige Unkenntnis, § 932 II BGB
- Bezugspunkt: Eigentümerstellung [ggf. § 366 I HGB]

IV. Kein Ausschluss infolge Abhandenkommens, § 935 I BGB

SCHEMA EIGENTUMSERWERB, §§ 929 S. 1, 930 BGB

I. Einigung über Eigentumsübergang, §§ 104 ff. BGB
- ⓟ Bestimmtheitsgrundsatz beim Raumsicherungsvertrag
- ⓟ Bestimmtheitsgrundsatz bei antizipierter Übereignung
- ⓟ Anfängliche Übersicherung bei Sicherungsübereignung
- ⓟ Nachträgliche Übersicherung bei Sicherungsübereignung

II. Übergabesurrogat: Verschaffung mittelbaren Besitzes, § 868 BGB
1. Konkretes Rechtsverhältnis, das Veräußerer ggü. Erwerber auf Zeit zum Besitz berechtigt
   - ⓟ Wirksamkeit des Rechtsverhältnisses ist unbeachtlich
   - ⓟ Grundlegende Inhalte des Sicherungsvertrags

2. **Herausgabeanspruch des Erwerbers gegen den Besitzer**
   BEISPIEL: Anspruch Vorbehaltsverkäufer gegen Vorbehaltskäufer nach Fristablauf aus §§ 449 II, 346 I, 323 I Alt. 1 BGB
3. **Besitzmittlungswille** (↔ **Eigenbesitzerwille, § 872 BGB**)

III. **Einigsein bei Vereinbarung des Besitzkonstituts**

IV. **Verfügungsberechtigung**

🅿 Sicherungseigentum als Interventionsrecht i.S.d. § 771 ZPO

SCHEMA EIGENTUMSERWERB VOM NICHTBERECHTIGTEN, §§ 929 S. 1, 930, 933 BGB

I. **Rechtsgeschäft (Einigung + Besitzkonstitut) i.S.e. Verkehrsgeschäfts**

II. **Rechtsschein der Berechtigung: Übergabe, § 1006 I BGB**

III. **Gutgläubigkeit (vermutet – „es sei denn", § 933 BGB)**
   - Im Zeitpunkt des letzten Erwerbsmerkmals (i.d.R. Besitzkonstitut)
   - Maßstab: Keine Kenntnis oder grob fahrlässige Unkenntnis, § 932 II BGB
   - Bezugspunkt: Eigentümerstellung [ggf. § 366 I HGB]

IV. **Kein Ausschluss infolge Abhandenkommens, § 935 I BGB**

DIE WICHTIGSTEN PROBLEME – LÖSUNGSANSÄTZE

🅿 Sachenrechtlicher Bestimmtheitsgrundsatz
Auch Übereignung ausgewählter oder aller in einem Raum befindlichen Sachen (*Raumsicherungsvertrag*) ist bestimmt genug, soweit betroffene Gegenstände in Einigung eindeutig bezeichnet sind und somit ein objektiver Dritter anhand und im Zeitpunkt der dinglichen Einigung die Sache zweifelsfrei identifizieren kann. Daran fehlt es, wenn nach Auslegung ein Ermessens- bzw. Wertungsspielraum verbleibt.

BEISPIEL: Genre „historisch" ist ein zu unbestimmtes Abgrenzungskriterium für Identifizierung von Büchern, die von Sicherungsübereignung umfasst sein sollen.

Ein vorweggenommenes *(antizipiertes) Besitzkonstitut* ist möglich. Die (u.U. noch nicht existenten) zu übereignenden Sachen sind dann bestimmt genug, wenn sie sich anhand einfacher Regeln abgrenzen lassen. *[Fall: Waren eines Lagers mit wechselndem (revolvierendem) Bestand sollen als Sicherungseigentum dienen.]*

🅿 Sittenwidrigkeit wegen *anfänglicher* Übersicherung, § 138 I BGB
Der Wortlaut des § 138 II BGB („versprechen und gewähren lässt") legt nahe, dass auch Verfügungsgeschäfte sittenwidrig sein können. Eine Nichtigkeit nach § 138 I BGB kommt dann in Betracht, wenn Sachgesamtheiten als Sicherheit gewährt werden sollen, die den Wert des zu sichernden Anspruchs erheblich übersteigen. Wird ein Einzelwert als Sicherheiten gewährt, stellt sich die Problematik nicht. Entscheidend ist, dass sich krass eigensüchtige Motive des Sicherungsnehmers im Vollzug der dinglichen Einigung offenbaren.

H.L.: Für die Frage, um wie viel der Wert des Sicherungsmittels (Sicherungseigentum) den der zu sichernden Forderung (z.B. § 488 I 2 BGB) übersteigen darf, ehe Übersicherung eintritt (Deckungsgrenze) wird § 237 S. 1 BGB analog herangezogen. Danach darf der Wert des Sicherungsmittels maximal 150% der Darlehenssumme betragen.

BGH: Die Feststellung der Deckungsgrenze bleibt eine Einzelfallentscheidung, wobei die Gesamtumstände berücksichtigt werden müssen (z.B. wie leicht sich das Sicherungseigentum verkaufen lässt). Bei einer Deckungsgrenze zwischen 130% - 300% spricht allerdings viel für die Vermutung der subjektiven Umstände (Benachteiligungsabsicht).

ⓟ Keine Sittenwidrigkeit wegen *nachträglicher* Übersicherung
Mit ratenweiser Rückzahlung kann der Wert des Sicherungsmittels außer Verhältnis zum Wert des Sicherungszwecks geraten. Eine nachträgliche Sittenwidrigkeit wird jedoch *immer* durch den unabdingbaren Freigabeanspruch des Sicherungsgebers abgewendet. Der Anspruch aus Sicherungsvertrag (§§ 311 I, 241 I BGB) richtet sich auf Rückübereignung von Einzelgegenständen, sobald und soweit die Deckungsgrenze überschritten wird.

ⓟ Wirksamkeit des Rechtsverhältnisses ist unbeachtlich
Soweit zumindest der ungefähre Inhalt des gesetzlichen oder rechtsgeschäftlichen Rechtsverhältnisses angedeutet ist, kommt es auf dessen Wirksamkeit nicht an (h.M.). Ein wirksamer Herausgabeanspruch, und sei es nur aus § 985 oder § 812 BGB, muss allerdings bestehen, darf also insbesondere nicht unmöglich sein. Dass der Herausgabeanspruch von einer Bedingung, Befristung und der Ausübung eines Gestaltungsrechts abhängt, ist dagegen unschädlich.

ⓟ Grundlegende Inhalte des Sicherungsvertrags, §§ 311 I, 241 I BGB

Pflichten des Sicherungsgebers	Pflichten des Sicherungsnehmers
• Übereignung, §§ 929 S. 1, 930	• Rückübereignung bei Darlehensrückzahlung oder nichtigem Darlehensvertrag
• Erhaltungspflicht	• Besitzüberlassung (§ 868)
• Herausgabepflicht im Sicherungsfall	• Freigabe bei nachträglicher Übersicherung
	• Verwertung gem. §§ 1220 ff. analog

ⓟ Sicherungseigentum als Interventionsrecht i.S.d. § 771 ZPO
[*„Wärmepumpen-Fall"* (BGH, Urt. v. 13. 05. 1981 - VIII ZR 117/80): *Der Gerichtsvollzieher pfändet für B bei S Wärmepumpen, welche dieser zuvor K zur Sicherung eines - getilgten - Darlehensrückzahlungsanspruchs übereignete. K verlangt, die Zwangsvollstreckung in seine Pumpen für unzulässig zu erklären. B meint, K müsse die Pumpen nach Darlehensrückzahlung wieder an S zurückübereignen und damit der Zwangsvollstreckung aussetzen. Wird der Rechtsbehelf des K Erfolg haben?*]

Lösung: In Zulässigkeit ist nach dem statthaften Rechtsbehelf zu fragen:
E.A. Sicherungseigentümer steht bloß Klage auf vorzugsweise Befriedigung offen: Wirtschaftlich betrachtet erfüllt Sicherungseigentum die Funktion eines Pfandrechts.
Auch im Insolvenzverfahren ist keine Aussonderung, sondern lediglich abgesonderte Befriedigung vorgesehen, § 51 Nr. 1 InsO.

H.M.: Sicherungseigentümer steht Drittwiderspruchsklage offen: Bei § 805 ZPO würde der Sicherungseigentümer zur Verwertung durch Zwangsversteigerung gezwungen werden. *Vor Insolvenz* des Sicherungsgebers soll dieser mit dem Gegenstand wirtschaften können, erst *ab Insolvenz* hat Sicherungseigentümer nur noch ein bloßes Verwertungsinteresse. Die Zuständigkeit ergibt sich sachlich aus §§ 1 ff. ZPO i.V.m. §§ 71, 23 GVG, wobei als Zuständigkeitsstreitwert der jeweils geringere Wert aus der Höhe der zu sichernden Forderung und des Werts des Sicherungsguts zu wählen ist. Die örtliche Zuständigkeit ergibt sich ausschließlich aus §§ 771, 802 ZPO. Ein Rechtsschutzinteresse besteht vom Beginn der Zwangsvollstreckungsmaßnahme bis zur Erlösauskehr.

Die Drittwiderspruchsklage ist unbegründet. Zwar ist das Sicherungseigentum des K ein Interventionsrecht, allerdings steht dem B der dolo-agit-Einwand (§ 242 BGB) zu, weil K dem Sicherungsvertrag nach die Pumpen nach Darlehensrückzahlung wieder an den S freigeben (= zurückübereignen) musste.

PRÜFUNGSSCHEMA

SCHEMA EIGENTUMSERWERB, §§ 929 S. 1, 931 BGB

I. Wirksame Einigung über Eigentumsübergang

II. Übergabesurrogat: Abtretung Herausgabeanspruch an den Erwerber
   1. Einigung über Forderungsübergang i.S.d. § 398 BGB
      - ⓟ Abtretung des § 985 BGB?
   2. Verfügungsberechtigung über Forderung
      - ⓟ Fehlen der Verfügungsberechtigung bzgl. Herausgabeanspruch

III. Einigsein bei Abtretung

IV. Verfügungsberechtigung über Eigentum an der Sache

SCHEMA EIGENTUMSERWERB VOM NICHTBERECHTIGTEN, §§ 929 S. 1, 931, 934 Alt. 1 BGB

[Anm.: Veräußerer ist mittelbarer Besitzer]

I. Rechtsgeschäft (Einigungen, §§ 929 S. 1, 931 BGB) i.S.e. Verkehrsgeschäfts

II. Rechtsscheinträger Abtretung des Herausgabeanspruchs, § 1006 III BGB
   - ⓟ Gleichstufiger mittelbarer Besitz möglich? (Fall zu § 934 Alt. 1 BGB)

III. Gutgläubigkeit des Erwerbers (vermutet – „es sei denn", § 934 BGB a.E.)
   - Im Zeitpunkt des letzten Erwerbsmerkmals (i.d.R. Abtretung)
   - Maßstab: Keine Kenntnis oder grob fahrlässige Unkenntnis, § 932 II BGB
   - Bezugspunkt: Eigentümerstellung [ggf. § 366 I HGB]

IV. Kein Abhandenkommen, § 935 I BGB

V. Kein unmittelbarer Besitz des Eigentümers, analog § 936 III BGB
   - ⓟ Begründung der Analogie zu § 936 III BGB

SCHEMA EIGENTUMSERWERB VOM NICHTBERECHTIGTEN, §§ 929 S. 1, 931, 934 Alt. 2 BGB

[Anm.: Veräußerer ist mangels Herausgabeanspruches oder mangels Besitzmittlungswillens des unmittelbaren Besitzers kein Besitzer]

I. Rechtsgeschäft (Einigungen, §§ 929 S. 1, 931 BGB) i.S.e. Verkehrsgeschäfts

II. Rechtsscheinträger: Besitzverschaffungsmacht *[Anm.: kein § 1006 BGB]*
   - ⓟ Rechtsscheinträger bei § 934 Alt. 2 BGB
   - ⓟ Gleichstufiger mittelbarer Besitz möglich? (Fall zu § 934 Alt. 2 BGB)

III. Gutgläubigkeit des Erwerbers (vermutet – „es sei denn", § 934 BGB a.E.)
   - Zeitpunkt: letztes Erwerbsmerkmal (i.d.R. Besitzerlangung durch Dritten)
   - Maßstab: Keine Kenntnis oder grob fahrlässige Unkenntnis, § 932 II BGB
   - Bezugspunkt: Eigentümerstellung [ggf. § 366 I HGB] und Bestehen des Herausgabeanspruchs

IV. Kein Abhandenkommen, § 935 I BGB beim Erwerb nach § 934 Alt. 2 BGB

DIE WICHTIGSTEN PROBLEME – LÖSUNGSANSÄTZE

ⓟ Abtretung des § 985 BGB?
Besteht bis auf § 985 BGB kein anderer Herausgabeanspruch des Veräußerers gegen den unmittelbaren Besitzer, so genügt nach heute h.M. die Einigung über den Eigentumsübergang. Die a.A., die eine Abtretung des § 985 BGB vorsieht, überzeugt nicht, da § 985 BGB untrennbar an das Eigentum gebunden ist folglich nicht isoliert abgetreten werden kann.

ⓟ Fehlen der Verfügungsberechtigung bzgl. Herausgabeanspruch
Wenn schon der Erwerb vom Nichtberechtigten ohne dessen mittelbaren Besitz möglich ist (§ 934 Alt. 2 BGB), dann erst recht (a fortiori) der Erwerb vom Berechtigten ohne (Verfügungsberechtigung über) Herausgabeanspruch. Folge: Einigung i.S.d. § 398 BGB über einen vermeintlichen Herausgabeanspruch genügt.

ⓟ Rechtsscheinträger bei § 934 Alt. 2 BGB
Ist der Veräußerer nicht mittelbarer Besitzer, folgt der Rechtsschein der Berechtigung nicht aus dem Besitz (kein § 1006 BGB), sondern lediglich aus der (vermeintlichen) Fähigkeit, dem Erwerber unmittelbaren oder mittelbaren Besitz durch einen Dritten zu verschaffen (Besitzverschaffungsmacht). Der Besitz muss aufgrund der Veräußerung erlangt sein – eine eigenmächtige Besitzverschaffung durch den Erwerber genügt nicht.

ⓟ Gleichstufiger mittelbarer Besitz möglich? (Fall zu § 934 Alt. 1 BGB)
Erkennt ein Oberbesitzer einen anderen als „Ober-Oberbesitzer" an, liegt unstr. ein möglicher mehrstufiger mittelbarer Besitz vor. Umstritten ist aber, ob mehrere Oberbesitzer gleichen Rangs nebeneinander bestehen können (sog. mittelbarer Nebenbesitz).

E.A. Lehre vom Nebenbesitz (+): Zwar kann Besitzmittler auch mehreren gleichrangigen Oberbesitzern den Besitz mitteln. Allerdings folgt daraus kein ausreichender Rechtsschein i.S.d. § 1006 III BGB, sodass Erwerb gem. § 934 Alt. 1 BGB scheitert (kein Rechtsschein bei Besitzmittlung durch einen „Diener zweier Herren"). Arg.: Der Erwerber ist der Sache nicht nähergekommen als der Eigentümer; Prioritätsprinzip.

BGH (-): Besitzmittler kann nicht mehreren gleichrangigen Oberbesitzern den Besitz mitteln. Folge: Jüngerer Besitzmittlungswille enthält konkludent den Willen, das ältere Besitzmittlungsverhältnis aufzulösen. Aus dieser Besitzverschaffungsmacht folgt dann hinreichender Rechtsschein i.S.d. § 934 Alt. 1 BGB (Rechtsschein bei Besitzmittlung durch einen „Diener eines Herrn").

[„Fräsmaschinen-Fall " (BGH, Urt. v. 27.03.1968 - VIII ZR11/66): V verkauft und übergibt K eine Fräsmaschine unter Eigentumsvorbehalt. Zur Finanzierung nimmt K ein Darlehen bei B auf und übereignet ihr zur Sicherheit die Maschine, wobei K weiterhin unmittelbaren Besitz behält. B übereignet die Maschine unter Abtretung ihrer Ansprüche an D. Wer ist Eigentümer?]

Lösung: Die Übereignung V an K (§ 929 S. 1 BGB) scheitert mangels Bedingungseintritts an der Wirksamkeit der dinglichen Einigung. Bei der Übereignung K an B (§ 930 BGB) fehlt es an der Verfügungsbefugnis des K. Diese kann mangels Übergabe auch mit einem gutgläubigen Erwerb nicht überwunden werden (§ 933 BGB). D könnte von B schließlich Eigentum (§ 931 BGB) erworben haben. Die fehlende Verfügungsbefugnis der B wird überwunden (§ 934 Alt. 1 BGB), wenn man mit dem BGH alleinigen mittelbaren Besitz der B annimmt, weil der Besitzmittlungswille des K zugunsten der B konkludent den Willen enthält, das ältere Besitzmittlungsverhältnis zwischen K und V (= Vorbehaltskaufvertrag als konkretes Rechtsverhältnis auf Zeit) aufzulösen. Die Nebenbesitzlehre, welche die Konstruktion des gleichstufigen mittelbaren Besitzes annimmt, lehnt einen Erwerb des D mangels ausreichendem Rechtsscheinträgers ab.

P Begründung der Analogie zu § 936 III BGB
Hinter der analogen Anwendung des § 936 III BGB steckt der Rechtsgedanke, dass ein mit Sachbesitz verbundenes Sachenrecht dem guten Glauben eines entfernter besitzenden Erwerbers nicht zu weichen braucht.

P Gleichstufiger mittelbarer Besitz möglich? (Fall zu § 934 Alt. 2 BGB)
[„Winterhallen-Fall" (BGH, Urt. v. 14.11.1977 - VIII ZR 66/76): V verkauft und übereignet unter Eigentumsvorbehalt K eine mobile Winterhalle, die sogleich an K übergeben wird. Zur Finanzierung nimmt K bei S ein Darlehen in Höhe des halben Kaufpreises auf und übereignet diesem die Halle zur Sicherheit, wobei vereinbart wird, dass S im unmittelbaren Besitz der Halle bleiben soll. Nachdem V den halben Kaufpreis erhalten hat, „verzichtet" dieser auf den Bedingungseintritt zugunsten eines „Eigentumserwerbs des K." B soll dann aber den restlichen Kaufpreis finanzieren, wofür ihr V „unter Abtretung aller Ansprüche gegen K das Eigentum an der Halle zur Sicherheit überträgt." K schließt mit B sodann einen Leihvertrag über die Halle. Schließlich gibt K die Hall an S heraus. Wer ist Eigentümer?]

Lösung: Vor Bedingungseintritt hat K zunächst kein Eigentum, sondern bloß ein Anwartschaftsrecht von V erworben (Ersterwerb des AWR vgl. S. 34), sodass K dem S mangels Berechtigung und Rechtsscheinträger kein Eigentum, sondern nur sein Anwartschaftsrecht (Zweiterwerb des AWR vgl. S. 34) übertragen konnte. Dieses Anwartschaftsrecht erstarkte nach Verzichtserklärung des V sodann bei S zum Eigentum (Erstarken des AWR vgl. S. 35). Beim Eigentumserwerb B von V war letzterer nicht (mehr) berechtigt. Die fehlende Verfügungsbefugnis des V wird überwunden (§ 934 Alt. 2 BGB), wenn man mit dem BGH alleinigen mittelbaren Besitz der B annimmt, derweil das ältere Besitzmittlungsverhältnis zwischen K und S (durch den Sicherungsvertrag, §§ 311 I, 241 I BGB) zerstört wird. Die Nebenbesitzlehre, welche die Konstruktion des gleichstufigen mittelbaren Besitzes annimmt, lehnt einen Erwerb der B mangels ausreichendem Rechtsscheinträgers ab. Bei dem oben besprochenen Fräsmaschinen-Fall zu § 934 Alt. 1 BGB wurde der Streit noch bzgl. Des mittelbaren Besitzes des *Veräußerers* geführt. Bei § 934 Alt. 2 BGB wird wegen des Gesetzeswortlauts der Streit nun bzgl. des mittelbaren Besitzes des *Erwerbers* relevant („wenn er (= Erwerber) den Besitz [an] der Sache von dem Dritten erlangt"). Folgt man dem BGH, wäre schließlich ein Eigentumserwerb des S bei Aushändigung der Halle durch K (§§ 929 S. 1, 932 I 1, II BGB) zu verneinen, da die dazu erforderliche dingliche Einigung bereits beim vorherigen Eigentumserwerb des S „verbraucht" wurde.

2. Teil: Belastung beweglicher Sachen

Pfandrechte an beweglichen Sachen dienen als Realsicherheit dem Gläubiger und Inhaber zur Sicherung seiner Forderung gegen den Schuldner. Kommt der Schuldner seiner Leistungspflicht nicht nach, kann der Gläubiger die Pfandsache versteigern lassen und sich aus dem Versteigerungserlös befriedigen (§ 1228 BGB). Die Entstehung und der Fortbestand des Pfandrechts hängt von der Entstehung und dem Bestand der Forderung ab (Akzessorietät).

PRÜFUNGSSCHEMA

SCHEMA RECHTSGESCHÄFTLICHER ERSTERWERB, §§ 1204, 1205 BGB

I. Zu sichernde Forderung (Akzessorietät)
II. Einigung über Belastung, § 104 ff. BGB
III. Übergabe oder Übergabesurrogat (§§ 929 S. 2, 931, 1206 BGB)
   [Anm.: Es fehlt eine dem § 930 BGB entsprechende Vorschrift.]
IV. Einigsein bei Übergabe bzw. Übergabesurrogat (Kein Widerruf)
V. Verfügungsberechtigung

SCHEMA RECHTSGESCHÄFTLICHER ERSTERWERB VOM NICHTBERECHTIGTEN, §§ 1204, 1205, 1207 i.V.m. §§ 932, 934 BGB

I. Rechtsgeschäft (Ersterwerb, §§ 1204, 1205 BGB) i.S.e. Verkehrsgeschäfts
   [Anm.: Die zu sichernde Forderung muss bestehen]
II. Rechtsscheinträger: vgl. § 932 bzw. § 934 BGB
III. Gutgläubigkeit: vgl. § 932 bzw. § 934 BGB
   [Anm.: Bei Anfechtbarkeit vorheriger dingl. Einigung beachte: § 142 II BGB]
IV. Kein Ausschluss, § 935 I BGB

SCHEMA „RECHTSGESCHÄFTLICHER" ZWEITERWERB, §§ 398, 401, 1250 I BGB

I. Abtretung der gesicherten Forderung (§ 398)
   1. Wirksame Einigung über Forderungsübergang
   2. Verfügungsberechtigung über Forderung
      ℗ Gutgläubiger Forderungserwerb
II. Verfügungsberechtigung über Pfandrecht
   ℗ Kein gutgläubiger Zweiterwerb von Pfandrechten (h.M.)

Rechtsfolge: Pfandrecht geht auf neuen Inhaber der Forderung (Zessionar) über, vgl. §§ 401, 1250 BGB

PRÜFUNGSSCHEMA

SCHEMA GESETZLICHER ERWERB VERMIETERPFANDRECHT, § 562 BGB (BESITZLOS)

I. Mietvertrag über Wohn-, Geschäftsräume oder -grundstücke (§ 578 I BGB)
II. Forderung aus dem Mietverhältnis
III. Pfändbare (§ 562 I 2 BGB i.V.m. § 811 ZPO), bewegliche Sache des Mieters
IV. Einbringen durch den Mieter
V. Kein Erlöschen, § 562a BGB oder § 216 III BGB

- Ⓟ Belastung Vermieterpfandrecht und Sicherungsübereignung fallen zusammen
- Ⓟ Revolvierendes Vermieterpfandrecht
- Ⓟ Vermieterpfandrecht am Anwartschaftsrecht

SCHEMA GESETZLICHER ERWERB WERKUNTERNEHMERPFANDRECHT, § 647 BGB

I. Offene Forderung aus Werkvertrag
II. Bewegliche Sache
III. Zur Herstellung oder Ausbesserung in Besitz des Werkunternehmers gelangt
IV. Sache gehört dem Besteller

- Ⓟ Kein Werkunternehmerpfandrecht an Sachen, die nicht Besteller gehören

SCHEMA GESETZLICHER ZWEITERWERB PFANDRECHT (ZAHLUNGSFÄLLE)

[Fall: Gläubiger (G) hat einen Darlehensrückzahlungsanspruch gegen Schuldner S. Zur Sicherheit bestellt Eigentümer E dem G ein Pfandrecht an seinem Pkw. Danach zahlt E an G. Wem steht das Pfandrecht zu?]

Lösung: E erwirbt mit Zahlung die Forderung gegen S gesetzlich, § 1225 BGB. Weil das Pfandrecht sich akzessorisch zur Forderung verhält, geht mit der gesicherten Forderung auch das Pfandrecht auf E über, §§ 1225 S. 1, 1250 I 1, 412, 401 I BGB. Gem. § 1256 BGB erlischt das Pfandrecht, wenn es dem Eigentümer der belasteten Sache zusteht (Konsolidation).

Ⓟ Wettlauf der Sicherer

DIE WICHTIGSTEN PROBLEME – LÖSUNGSANSÄTZE

Ⓟ Gutgläubiger Forderungserwerb

Grundsätzlich ist ein gutgläubiger Forderungserwerb nicht möglich. Ausnahmen sind: § 405 BGB; § 2366 BGB; § 893 Alt. 1 BGB i.V.m. § 1143 I 1 BGB oder § 268 III BGB und § 1138 BGB (nach der Einheits-/Mitreißtheorie).

ⓟ Kein gutgläubiger Zweiterwerb von Pfandrechten (h.M.)
Im Fall fehlender Verfügungsberechtigung über die Forderung scheitert der Erwerb mangels Abtretung (keine dem § 1138 BGB entsprechende Vorschrift). Fehlt es an der Verfügungsberechtigung bzgl. des Pfandrechts, scheidet ein Gutglaubenserwerb nach h.M. mangels gesetzlicher Vorschrift, mangels Rechtsgeschäfts und mangels Publizitätsakts (keine Übergabe erforderlich) aus.

ⓟ Vermieterpfandrecht und Sicherungsübereignung fallen zusammen
Ist eine Raumsicherungsübereignung für den Moment des Einbringens in eine gemietete Lagerhalle vereinbart, fallen die Zeitpunkte der Übereignung und Belastung mit einem Vermieterpfandrecht zusammen und es stellt sich die Frage, ob zunächst die Sicherungsübereignung vollzogen wird (dann kein Vermieterpfandrecht, da nicht mehr Sache des Mieters) oder erst die Belastung geschieht und somit nur belastetes Sicherungseigentum übergeht.

BGH: Immer Vorrang des Vermieterpfandrechts, um wirtschaftliche Aushöhlung der Sicherheit zu vermeiden (Schutzbedürftigkeit des Vermieters).

A.A.: Prioritätsprinzip: Vermieterpfandrecht entsteht nur, wenn Mietvertrag vor antizipierter Sicherungsübereignung geschlossen wurde. Anderenfalls lastenfreier Eigentumserwerb.

ⓟ Revolvierendes Vermieterpfandrecht
[Fall: (BGH, Urt. v. 06.12.2017 - XII ZR 95/16): V vermietet ein Grundstück an die M-GmbH, über deren Vermögen dann das Insolvenzverfahren eröffnet wird. V hat noch offene Mietforderungen i.H.v. 14.000 €, derentwegen sie ein Vermieterpfandrecht an zwei Kfz der GmbH geltend macht. Die Fahrzeuge befanden sich zwar abends immer auf dem Grundstück, bei Eröffnung des Verfahrens aber gerade auf ihrer täglichen Tour. V verlangte nach Veräußerung der Fahrzeuge durch den Insolvenzverwalter die Auskehrung des Erlöses der Fahrzeuge. Zu Recht?]

Lösung: V hat gegen den Insolvenzverwalter einen Anspruch auf abgesonderte Befriedigung, §§ 50 I Var. 3, 170 I 2 InsO. V hat wegen einer offenen Forderung aus dem Mietverhältnis zunächst ein Vermieterpfandrecht an dem durch M eingebrachten, ihm gehörenden Kfz erlangt, §§ 578 I, 562 I BGB. Die tägliche Nutzung schließt nämlich ein bestimmungsgemäßes Einbringen der Sache in das Grundstück nicht aus. Der Pfändbarkeit stand auch nicht § 562 I 2 BGB i.V.m. § 811 I Nr. 5 ZPO entgegen, da die Vorschrift für „kapitalistische Nutzer" wie eine GmbH nicht gilt. Fraglich ist, ob das Vermieterpfandrecht durch *vorübergehendes* Entfernen am Tag der Insolvenzeröffnung wieder erloschen ist, § 562a BGB. Während eine Ansicht eine bloß einstweilige Entfernung nicht für ausreichend erachtet, um eine Aushöhlung des Vermieterpfandrechts zu vermeiden *[Anm.: so noch OLG Frankfurt Urt. v. 19.05.2006 - 24 U 11/06]*, stellt der BGH auf den uneingeschränkten Wortlaut „Entfernung" ab und verneint eine Anwendung des § 856 II BGB auf das besitzlose Vermieterpfandrecht. Dass die Entfernung ohne Willen des V erfolgte, ist bei regelmäßigen Entfernungen wegen § 562a S. 2 BGB unbeachtlich. V hat kein Vermieterpfandrecht mehr und kann keine vorzugsweise Befriedigung verlangen, sondern ist wie die anderen Insolvenzgläubiger gestellt (§ 38 InsO).

[Anm.: Mit Abstellen der Kfz am Abend entsteht erneut ein Vermieterpfandrecht (revolvierend), allerdings nur für Mietforderungen nach Eröffnung des Insolvenzverfahrens.]

ⓟ Vermieterpfandrecht am Anwartschaftsrecht

Hat der Mieter eine Sache unter Eigentumsvorbehalt erworben, so steht ihm bis zu vollständigen Kaufpreiszahlung noch kein Eigentum, sondern lediglich ein Anwartschaftsrecht an der Sache zu (vgl. Ersterwerb Anwartschaftsrecht S. 34). Folglich kann durch Einbringung der Sache ein Vermieterpfandrecht auch zunächst nur am Anwartschaftsrecht entstehen. Mit Bedingungseintritt erstarkt das Vermieterpfandrecht am Anwartschaftsrecht dann zum Vermieterpfandrecht am Eigentum, wobei der Rang des Pfandrechts erhalten bleibt. Auch der Vermieter kann den Bedingungseintritt herbeiführen, § 267 II BGB.

Überträgt der Mieter sein Anwartschaftsrecht in der Zeit zwischen Einbringung und noch Bedingungseintritt auf einen Dritten (vgl. Zweiterwerb Anwartschaftsrecht S. 34), so erwirbt der Dritte bei Bedingungseintritt direkt das Eigentum an der Sache (vgl. Erstarken S. 35), jedoch belastet mit dem in der Zwischenzeit begründeten Vermieterpfandrecht.

ⓟ Kein Werkunternehmerpfandrecht an Sachen, die nicht Besteller gehören
[„Kleinbus-Fall" (BGH, Urt. v. 21. 12. 1960 - VIII ZR 89/59): E verkauft unter Eigentumsvorbehalt einen Kleinbus an B. B verpflichtet sich zur Reparatur des Busses auf eigene Kosten und bringt das Kfz in die Werkstatt des U, wo eine dringend notwendige Lackierung vorgenommen wird. Als B in Zahlungsschwierigkeiten gerät, tritt E vom Vorbehaltskaufvertrag zurück. Kann E von U Herausgabe des Busses nach § 985 BGB verlangen? U ist zur Herausgabe nur Zug um Zug gegen Begleichung der Reparaturrechnung bereit.]

Lösung: Ein Recht zum Besitz aus Werkunternehmerpfandrecht (§ 647 BGB) ist anzudenken, scheitert aber daran, dass B Besteller war (insbes. keine Vertretung des E durch B, mangels Offenkundigkeit und Vertretungsmacht) und der Bus nach wie vor dem E gehörte. An bestellerfremden Sachen entsteht nach Ansicht des BGH außerhalb von § 366 I, III HGB kein Werkunternehmerpfandrecht, denn für einen gutgläubigen Erwerb sei bei gesetzlichen Erwerbstatbeständen kein Raum (die h.L. nimmt hingegen einen gutgläubigen Pfandrechtserwerb an, § 647 i.V.m. § 1207 BGB analog).

U kann aber - auch ohne ein Pfandrecht erworben zu haben – dem E einredeweise §§ 1000 S. 1, 994 I BGB entgegenhalten. Zwar war U zum Zeitpunkt der Verwendungsvornahme noch zum Besitz berechtigt. Allerdings genügt nach der umstr. Rspr. ein EBV zum Zeitpunkt des Herausgabeverlangens, wenn das frühere Besitzrecht die Verwendungsersatzansprüche des Besitzers gegenüber dem Eigentümer nicht abschließend regelte (vgl. ⓟ Genügt EBV erst bei Herausgabeverlagen? S. 73). Die Reparatur durch U erfolgte zwar im Rahmen einer vertraglichen Verpflichtung (§ 631 BGB) gegenüber B, was aber der Freiwilligkeit des Vermögensopfers nicht entgegenstehen soll, sodass eine Verwendung vorliegt. E kann von U Herausgabe nur Zug um Zug gegen Zahlung von Verwendungsersatz fordern.

ⓟ Wettlauf der Sicherer
[Fall: Gläubiger (G) lässt sich seinen Anspruch gegen den Forderungsschuldner (S) zum einen durch einen Bürgen (B) und zum anderen vom Eigentümer (E) mit einem Pfandrecht an einer beweglichen Sache sichern. Nun fällt der Schuldner aus. Wie findet der Regress zwischen den Sicherungsgebern statt, wenn
a) der E den G befriedigt oder
b) der B den G befriedigt?]

Mobiliarsachenrecht

Problem: Derjenige Sicherungsgeber (B oder E), welcher zuerst an den G zahlt, bekommt einen Regressanspruch gegen den jeweils anderen Sicherungsgeber. Zahlt der E (Variante a)), geht die gesicherte Forderung gegen den S auf ihn über (§ 1225 S. 1 BGB). Mit der Forderung gehen auch für sie bestehende akzessorische Sicherheiten (hier: Bürgschaft) auf ihn über (§ 412, 401 BGB), *soweit* der Eigentümer gegenüber dem Bürgen zum Ersatz berechtigt ist (i.d.R. 50%), §§ 1225 S. 2, 774 II, 426 I, II, 765 BGB. Zahlt B dann auf diese Regressforderungen des E, erfüllt er letztlich seine Bürgschaftsschuld zu 50%, wodurch gem. § 774 I BGB die Hauptverbindlichkeit gegen S zu 50% auf B übergeht. Ergebnis: E und B tragen das Insolvenzrisiko des S je zur Hälfte.

Zahlt dagegen zuerst der B an G (Variante b)), geht die gesicherte Forderung gegen den S auf ihn über (§ 774 I BGB). Mit der Forderung gehen auch für sie bestehende akzessorische Sicherheiten (hier: Pfandrecht) auf ihn über (§ 412, 401 BGB), sodass B bei E eigentlich vollständig Regress nehmen könnte und E sich allein an den – meist wenig solventen – S halten muss. § 774 II BGB findet keine Anwendung, da E und B keine Mitbürgen sind und sich kein mit § 1225 S. 2 BGB vergleichbarer Verweis findet.

Lösung: Um Zufallsergebnisse, bzw. einen Wettlauf der Sicherungsgeber zu vermeiden, wendet die h.M. im letzteren Fall § 426 I, II BGB analog an, sodass die jeweilige Sicherheit nur zur Hälfte auf den zahlenden Sicherungsgeber übergeht (vgl. auch ℗ „Weglauf" der Sicherer, S. 51).

[Anm.: a.A: Lösung nach dem Wortlaut]

PRÜFUNGSSCHEMA

SCHEMA ERSTERWERB ANWARTSCHAFTSRECHT

DEFINITION
Ein Anwartschaftsrecht entsteht, wenn bei einem mehraktigen Erwerbstatbestand bereits so viele Erwerbstatbestandsmerkmale erfüllt sind, dass der Vollrechtserwerb nicht mehr einseitig vom Veräußerer verhindert werden kann.

I. Mehraktiger Erwerbstatbestand
- 1. Akt: Einigung über Eigentumsübergang und Besitzüberlassung
- 2. Akt: Bedingungseintritt, § 158 I BGB (i.d.R. vollständige Kaufpreiszahlung)

II. Noch ausstehende Tatbestandsmerkmale liegen in Erwerberhand

1. **Wirksamkeit der Einigung** kann durch Erwerber durch Herbeiführung des Bedingungseintritts erreicht oder jedenfalls fingiert (§ 162 BGB) werden.

2. **Vollendung der Übergabe**
Der Veräußerer behält zunächst noch mittelbaren Besitz, § 868 BGB. Der Vorbehaltskaufvertrag stellt das konkrete Rechtsverhältnis, das den Erwerber auf Zeit berechtigt, dar. Der Herausgabeanspruch ist in §§ 449 II, 323 I Alt. 1, 346 I BGB angelegt und der Erwerber hat Fremdbesitzerwille. Mit Bedingungseintritt kann der Veräußerer nicht mehr wegen Nichtleistung zurücktreten und verliert somit den Herausgabeanspruch. Auch dürfte sich mit vollständiger Kaufpreiszahlung der Fremdbesitzerwille des Erwerbers in Eigenbesitzerwille (§ 872 BGB) wandeln.

III. Bedingungseintritt noch möglich (insbes. noch kein Rücktritt erfolgt)
Rechtsfolge: Inhaber eines Anwartschaftsrecht hat eine gesicherte Erwerbsaussicht auf das Vollrecht (wesensgleiches Minus). Über dieses Anwartschaftsrecht kann er frei verfügen (siehe unten: „Zweiterwerb"), während der Veräußerer bis zum Bedingungseintritt über das Vollrecht unbeschränkt verfügen kann. Erst mit Bedingungseintritt werden Zwischenverfügungen ex tunc unwirksam (siehe unten: „Erstarken"), soweit das Anwartschaftsrecht noch besteht, also insbesondere kein Zwischenerwerber gutgläubig anwartschaftsrechtfreies Eigentum erworben hat (siehe unten § 936 BGB).

SCHEMA ZWEITERWERB ANWARTSCHAFTSRECHT, ANALOG §§ 929 – 934 BGB

[Anm.: Im Folgenden exemplarisch nach § 929 S. 1 BGB analog]

I. Einigung
Die Einigung über Eigentumsübertragung beinhaltet regelmäßig bei Scheitern des Eigentumserwerbs im Wege ergänzender Vertragsauslegung (§§ 133, 157, 242 BGB) erst recht (a fortiori) eine Einigung über das Anwartschaftsrecht als wesensgleiche Minus. Nach a.A. ist die fruchtlose Einigung über Eigentumsübergang in eine Einigung über die Übertragung des Anwartschaftsrechts umzudeuten, analog § 140 BGB.

[Anm.: Analog, da keine nichtige, sondern nur fruchtlose Einigung].

II. Übergabe

III. Einigsein bei Übergabe

IV. Verfügungsbefugnis über Anwartschaftsrecht

[Anm.: Hier regelmäßig Inzidentprüfung des Ersterwerbs eines Anwartschaftsrecht]

[Anm.: Ein gutgläubiger Zweiterwerb eines existenten Anwartschaftsrechts ist nach der Rspr. möglich, während ein nicht existentes Anwartschaftsrecht mangels erfüllbarer Forderung nicht möglich ist (kein Bedingungseintritt ohne erfüllbare Forderung)]

SCHEMA ERSTARKEN EINES ANWARTSCHAFTSRECHTS ZUM VOLLRECHT, § 161 I 1 BGB

I. Inhaberschaft eines Anwartschaftsrechts

1. Ersterwerb Anwartschaftsrecht (s.o.)

2. Ggf. Zweiterwerb Anwartschaftsrecht (s.o.)

3. Kein anwartschaftsrechtsfreier Zwischenerwerb, §§ 161 III, 936 BGB (s.u.)

II. Bedingungseintritt
Rechtsfolge: Das Anwartschaftsrecht wandelt sich in der Person seines Inhabers zum Vollrecht Eigentum (Direkterwerb). Die Verfügungsbefugnis des Verfügenden gegenüber dem Zwischenerwerber entfällt ex tunc; d.h. der Zwischenerwerber verliert sein Eigentum.

SCHEMA GUTGLÄUBIGER LASTENFREIER EIGENTUMSERWERB, § 936 BGB

I. Eigentumserwerb vom Berechtigten oder Nichtberechtigten (§§ 929 – 934 BGB)

II. Mit Recht eines Dritten belastete Sache
BEISPIEL: Werkunternehmer-, Vermieter- oder rechtsgeschäftliches Pfandrecht
🅿 Anwartschaftsrecht als Last einer Sache i.S.d. § 936 BGB

III. Keine Verfügungsberechtigung des Veräußerers bzgl. Recht des Dritten

IV. Verkehrsgeschäft

V. Rechtsschein: Besitzerlangung des Erwerbers – je nach Erwerbstatbestand:
- bei § 929 S. 1 BGB: Übergabe vom Veräußerer (§ 932 I 1 BGB)
- bei § 929 S. 2 BGB: frühere Besitzerlangung vom Veräußerer (§ 932 I 2 BGB)
- bei § 930 BGB: Übergabe vom Veräußerer (§ 933 BGB)
- bei § 931 BGB (Veräußerer ist mittelb. Besitzer): Abtretung (§ 934 Alt. 1 BGB) (Aber Rechtsinhaber darf nicht unmittelbarer Besitzer sein, § 936 III BGB)
- bei § 931 BGB (Veräußerer ohne Besitz): Erwerber hat (un-)mittelbaren Besitz vom Dritten erlangt (§ 934 Alt. 2 BGB)

VI. Gutgläubigkeit (vermutet – „das Recht erlischt nicht, wenn", § 936 II)

1. Im Zeitpunkt des letzten Erwerbsmerkmals

2. Maßstab: Keine Kenntnis oder gr. fl. Unkenntnis §§ 936 II, 932 II BGB

3. Bezugspunkt: Bestehen des Rechts des Dritten an der Sache
🅿 Erweiterter Bezugspunkt beim Erwerb vom Kaufmann, § 366 II HGB

VII. Kein Abhandenkommen beim Rechtsinhaber (Dritter), analog § 935 I, II BGB

[Anm.: Nur zu prüfen, wenn Eigentumserwerb von Berechtigten erfolgte.]

DIE WICHTIGSTEN PROBLEME – LÖSUNGSANSÄTZE

Ⓟ Anwartschaftsrecht als Last einer Sache i.S.d. § 936 BGB
Die Vorschrift des § 936 I 3, III BGB schützt auch den Inhaber eines Anwartschaftsrechts vor dem anwartschaftsrechtsfreien Zwischenerwerb eines Dritten. Das Anwartschaftsrecht an einer Sache kann daher nicht gutgläubig anwartschaftsrechtfrei erworben (lastenfrei) werden, wenn der Anwartschaftsrechtsinhaber unmittelbaren Besitz innehat (§ 936 III BGB).

Ⓟ Erweiterter Bezugspunkt beim Erwerb vom Kaufmann, § 366 II HGB
Bei der Verpfändung durch einen Kaufmann im Betrieb eines Handelsgewerbes, ist auch der gute Glaube des Erwerbers daran geschützt, dass der Veräußerer zwar nicht selbst Inhaber des Pfandrechts ist, aber vom Berechtigten zur pfandrechtfreien Verfügung ermächtigt wurde (Guter Glaube an Verfügungsbefugnis hinsichtlich des Pfandrechts, § 185 I BGB).

PRÜFUNGSSCHEMA

SCHEMA ABTRETUNG, § 398 BGB

I. **Einigung über Forderungsübergang zwischen Zedenten (Veräußerer) und Zessionar (Erwerber).** (Legaldefinition „Anspruch" in § 194 I BGB)
   - Ⓟ Bestimmtheitsgrundsatz bei Forderungsverfügung
   - Ⓟ Sittenwidrigkeit wegen Verleitung zum Vertragsbruch (§ 138 I BGB)

II. **Verfügungsbefugnis über Forderung**

III. **Kein Abtretungsverbot, §§ 399, 400 BGB**
   - Ⓟ Eingeschränktes Abtretungsverbot, § 354a I 1 HGB

IV. **Rechtsfolge: Forderungsübergang mitsamt für sie bestehende akzessorische Sicherheiten (§ 401 BGB)**
   - Ⓟ Vorausabtretungen derselben Forderung an verschiedene Zessionare

V. **Schuldnerschutz, §§ 404, 406 - 409 BGB**

DIE WICHTIGSTEN PROBLEME – LÖSUNGSANSÄTZE

Ⓟ Bestimmtheitsgrundsatz bei Forderungsverfügung
Bei Abtretung vor Entstehung der Forderung (= antizipiert) muss zumindest Anspruchsart und Rechtskreis, aus dem der Anspruch entstehen soll, festgelegt sein (Bestimmbarkeit).

Ⓟ Sittenwidrigkeit wegen Verleitung zum Vertragsbruch (§ 138 I BGB)
Lässt sich eine Bank zur Sicherung eines Darlehensrückzahlungsanspruchs *alle* zukünftigen Forderungen eines Händlers abtreten (Globalzession), nimmt diese billigend in Kauf, dass dadurch verlängerte Eigentumsvorbehalte von Lieferanten nicht bedient werden können. Damit wird der Händler zum Vertragsbruch mit seinen Lieferanten verleitet. Als Konsequenz ist die antizipierte Abtretung an die Bank nichtig.

Eine Abwendung der unangemessenen Benachteiligung und Sittenwidrigkeit kann nur durch *dingliche* Teilverzichtsklausel erreicht werden. Dabei werden solche Forderungen von der Abtretung ausgenommen, die aus Weiterverkauf von Waren stammen, die unter verlängertem Eigentumsvorbehalt geliefert wurden. Eine *schuldrechtliche* Freigabeklausel, die bloß zur Rückabtretung solcher Forderungen verpflichtet, genügt den Anforderungen des § 138 I BGB hingegen nicht.

Ⓟ Eingeschränktes Abtretungsverbot, § 354a I 1 HGB

Ein rechtsgeschäftliches Abtretungsverbot nach § 399 Alt. 2 BGB steht der Abtretung einer *Geld*forderung bei beiderseitigen Handlungsgeschäften, sowie wenn der Schuldner eine öffentlich-rechtliche juristische Person bzw. Sondervermögen ist, nicht entgegen.

Der Schuldner kann aber mit befreiender Wirkung auch an den Zedenten leisten oder aufrechnen (§ 354a I 2 HGB). Und zwar sogar dann, wenn der Schuldner Kenntnis von der Abtretung hat. Der Zessionar kann das Geleistete sodann beim Zedenten kondizieren (§ 816 II BGB).

Ⓟ Vorausabtretungen derselben Forderung an verschiedene Zessionare

Wird dieselbe Forderung vor ihrer Entstehung mehrfach an verschiedene Zessionare abgetreten, stellt sich bei Forderungsentstehung die Frage, welcher Zessionar Forderungsinhaber geworden ist.

- H.M.: *Prioritätsprinzip*: Forderungsinhaber wird der Zessionar der ersten wirksamen Abtretung.

  [Anm.: Für den Schuldner gilt bei Rechtshandlungen gegenüber dem „falschen Gläubiger" im Fall der Mehrfachabtretung, §§ 408, 407 BGB]

- A.A.: *Surrogationslehre*: Wird an einen Vorbehaltsverkäufer abgetreten, hat immer dieser als schützenswürdigster Zessionar Vorrang ohne Rücksicht auf den Zeitpunkt der Abtretung.

- A.A.: *Teilungslehre*: Zunächst gehen alle Abtretungen ins Leere. Bei der späteren Entstehung der Forderung teilt sie sich auf die Zessionare auf.

3. Teil: Gesetzlicher und hoheitlicher Eigentumserwerb

PRÜFUNGSSCHEMA

SCHEMA EIGENTUMSERWERB DURCH VERBINDUNG MIT IMMOBILIE, § 946 BGB

I. Verbindung einer beweglichen Sache mit Immobilie

II. Bewegliche Sache wird wesentlicher Bestandteil, §§ 93, 94 BGB

> **DEFINITION**
> Bestandteile sind Teile einer nach der Verkehrsanschauung als einheitlich anzusehenden zusammengesetzten Sache (↔ Zubehör, § 97 BGB).
>
> (Legaldef. „wesentlich" vgl. § 93 BGB und beachte Regelbeispiele, § 94 BGB)

III. Keine bloßen Scheinbestandteile, § 95 BGB

Rechtsfolge:

- Eigentümer der Immobilie erlangt Eigentum an beweglicher Sache
- Rechte Dritter an beweglicher Sache erlöschen, § 949 S. 1 BGB
- Wertersatz des früheren Eigentümers, § 951 I 1, 812 I 1 Alt. 2, 818 II BGB

SCHEMA EIGENTUMSERWERB DURCH VERBINDUNG MIT BEWEGLICHER SACHE, § 947 BGB

I. Kein Fall der Verarbeitung, § 950 BGB

II. Verbindung beweglicher Sachen zu wesentlichen Bestandteilen, § 93 BGB

> **DEFINITION**
> Bestandteile sind Teile einer nach der Verkehrsanschauung als einheitlich anzusehenden zusammengesetzten Sache.
>
> (Legaldef. „wesentlich" vgl. § 93 BGB)

Rechtsfolgen:

<u>Variante 1):</u> Keine der beweglichen Sachen ist als Hauptsache anzusehen

- Dann erwerben die vormaligen Eigentümer der nun verbundenen Sachen Bruchteilseigentum an Gesamtsache, §§ 741 ff., 1008 ff. BGB
- Rechte Dritter erlöschen, § 949 1 BGB (Beachte aber § 949 2 BGB)

<u>Variante 2):</u> Eine Sache ist als Hauptsache anzusehen, § 947 II BGB

- Eigentümer der Hauptsache wird Alleineigentümer der Gesamtsache
- Rechte Dritter an Hauptsache erlöschen nicht, sondern erstrecken sich auf Gesamtsache, § 949 S. 3 BGB
- Wertersatz des früheren Eigentümers, §§ 951 I 1, 812 I 1 Alt. 2, 818 II BGB

[Anm.: Bestimmung der Hauptsache richtet sich nicht nach ihrem Wert, sondern danach, ob sie maßgeblicher Funktionsträger der Sache ist.]

Mobiliarsachenrecht 39

PRÜFUNGSSCHEMA

SCHEMA EIGENTUMSERWERB DURCH VERMISCHUNG/VERMENGUNG, §§ 948, 947 BGB

I. Kein Fall der Verarbeitung, § 950 BGB

II. Untrennbare Vermischung oder Vermengung beweglicher Sachen

> **DEFINITION**
> Flüssigkeiten und Gase werden miteinander vermischt, während feste Teile miteinander vermengt werden. Untrennbarkeit kann auch bei wirtschaftlich unverhältnismäßig hohen Kosten der Trennung vorliegen, § 948 II BGB.

Rechtsfolgen: Vgl. § 947 BGB

SCHEMA EIGENTUMSERWERB DURCH VERARBEITUNG, § 950 BGB

I. Verarbeitung i.S.d. § 950 BGB

> **DEFINITION**
> jeder menschliche oder menschlich gesteuerte Arbeitsakt.

II. Neue bewegliche Sache hergestellt

> **DEFINITION**
> wenn Stoff nach Verkehrsauffassung durch Verarbeitung oder Umbildung Wesensänderung erfahren hat (Indizien: neue Bezeichnung, neue Funktion).

Ⓟ Werden Tonbänder durch ihr Bespielen eine neue Sache?

III. Hersteller

Ⓟ Disponibilität des Herstellerbegriffs und Verarbeitungsklauseln

IV. Kein Ausschluss, § 950 I 1 Hs. 2 BGB: Ausgangsstoff muss um mindestens 60% im Wert gesteigert worden sein

Rechtsfolgen:
- Eigentumserwerb des Herstellers
- Wertersatz des früheren Eigentümers, § 951 I 1, 812 I 1 Alt. 2, 818 II BGB

  Ⓟ Ist § 951 I 1 BGB Rechtsgrund- oder Rechtsfolgenverweis?

  Ⓟ Rückabwicklung bei Einbau-/Verarbeitungsfällen

  Ⓟ Sperrwirkung der Verwendungsersatzansprüche im EBV, §§ 994, 996 BGB

40 Mobiliarsachenrecht

PRÜFUNGSSCHEMA

SCHEMA EIGENTUMSERWERB NACH FUND, §§ 965, 973 I BGB

I. Verlorene Sache, § 965 BGB

[Anm.: Insbes. keine Dereliktion, § 958 BGB]

P Gestohlene Sachen als Sachen i.S.d. § 973 BGB?

II. Anzeige bei zuständiger Stelle

III. Verstreichen der sechsmonatigen Frist ab Anzeige

[Anm.: Beim Bagatellfund ab Ansichnehmen, § 973 II BGB]

IV. Keine Verlustanzeige eines Empfangsberechtigten bei zuständiger Stelle und keine Kenntnis des Finders von Identität des Empfangsberechtigten

Rechtsfolgen:
- Eigentumserwerb des Finders (ex nunc)
- Erlöschen Rechte Dritter, § 973 I 2 BGB
- Kondiktionsanspruch des früheren Eigentümers, §§ 977, 812, 818 BGB
  [Anm.: Rechtsfolgenverweis (h.M.)]

SCHEMA EIGENTUMSERWERB DES ERSTEHERS DURCH ZUSCHLAG, § 90 ZVG

I. Antrag des Erstehers an das Vollstreckungsgericht gem. §§ 1, 15 ZVG

II. Deutsche Gerichtsbarkeit und Zivilrechtsweg (§ 13 GVG)

III. Wirksamer Vollstreckungstitel

BEISPIEL: Urteil oder § 794 ZPO

IV. Publizität der Versteigerung durch Bekanntmachung gem. § 39 ZVG

V. Zuschlag durch das Vollstreckungsgericht nach Meistgebot

Rechtsfolge:
- Eigentumserwerb des Erstehers am Grundstück
- Eigentumserwerb des Erstehers an Zubehör des Grundstücks, § 97 BGB
  - Zubehör des früheren Eigentümers des Grundstücks, §§ 90 II, 55 I, 20 II ZVG i.V.m. § 1120 ff. BGB
  - Zubehör Dritter, §§ 90 II, 55 II ZVG

DIE WICHTIGSTEN PROBLEME – LÖSUNGSANSÄTZE

P Werden Tonbänder durch ihr Bespielen eine neue Sache?

[„Interview-Tonbänder-Fall" (nach BGH, Urt. v. 10.07.2015 – V ZR 206/14): Altkanzler K wird vom Journalist J zur Vorbereitung einer Biographie interviewt. Dabei werden, mit Einverständnis des K, Tonbandaufnahmen auf Bändern des J angefertigt, wobei K überwiegend spricht. Die Magnetstreifen eines Tonbands werden beim Aufnehmen physikalisch verändert. Als K stirbt, fordert dessen Ehefrau und Alleinerbin E, aus Angst, K könnte von ihrem Privatleben erzählt haben, von J Herausgabe der Bänder aus § 985 BGB. Zu Recht?]

© Jura Intensiv Verlags UG & Co. KG

Lösung: K könnte im Rahmen der Aufnahmen gesetzliches Eigentum an den Tonbändern erlangt haben (§ 950 BGB), welches dann durch Universalsukzession (§ 1922 BGB) auf E überging. Indizien für die Herstellung einer neuen Sache sind eine Funktions- und Sachbezeichnungsänderung. Zwar sind die Bänder durch Bespielen im Wert gestiegen, an einer neuen Sache fehlt es nach o.g. Indizien jedoch. Kein Anspruch. *[Anm.: Einen Auskunfts- und Herausgabeanspruch aus §§ 666, 667 BGB hat der BGH indes bejaht (BGH, Urt. v. 03.09.2020 – III ZR 136/18).]*

Ⓟ Disponibilität des Herstellerbegriffs und Verarbeitungsklauseln

Nach Ansicht des BGH bestimmt sich, wer Hersteller ist, nach der Verkehrsanschauung (Sicht eines mit den Verhältnissen vertrauten objektiven Betrachters), wobei dieser zumindest Eigentümer der gelieferten Stoffe gewesen sein muss.

BEISPIEL: Vereinbarung, dass Warenlieferant auch Hersteller sein soll, damit dieser gesetzlich Sicherungseigentum an der hergestellten Sache erwirbt. Dagegen nicht ausreichend: Verarbeitungsklausel zugunsten Darlehensgeber, der mit Verarbeitung tatsächlich nichts zu tun hat.

Die h.L. möchte den Hersteller nach rein objektiven Kriterien bestimmt haben wissen: Hersteller ist demnach, wer die Verarbeitung in ökonomischer Hinsicht willentlich veranlasst hat, das Eigentum an den gelieferten Rohstoffen innehat und das wirtschaftliche Risiko der Verarbeitung trägt.

Der Streit hat Auswirkungen auf die Auslegung sogenannter Verarbeitungsklauseln, also Vereinbarungen über die Herstellereigenschaft.

Der BGH erkennt solche Vereinbarung zumindest zugunsten des Warenlieferanten an, sodass dieser direkt gesetzlich Eigentum erwirbt (Direkterwerb). Die h.L. deutet Verarbeitungsklauseln, bei denen der vereinbarte Hersteller vom objektiv ermittelten Hersteller abweicht, in eine antizipierte (Sicherungs-)Übereignung um, § 140 BGB (Durchgangserwerb).

Ⓟ § 951 I 1 BGB als Rechtsgrund- oder Rechtsfolgenverweis

Zwar ist grundsätzlich dann in einem Verweis ein Rechtsfolgenverweis zu erkennen, wenn die verweisende Norm eigene Tatbestandsvoraussetzungen beinhaltet. Nach h.M. ist der § 951 I 1 BGB jedoch trotz eigener Voraussetzungen (§§ 946 - 950 BGB) ein Rechtsgrundverweis und zwar nach h.M. allein auf die allgemeine Nichtleistungskondiktion (§ 812 I 1 Alt. 2 BGB). Dies wird damit begründet, dass erst die Prüfung deren Voraussetzungen (insbes. „in sonstiger Weiser erlangt") Raum für Wertungsgesichtspunkte bieten.

Ⓟ Rückabwicklung bei Einbau-/Verarbeitungsfällen

Vgl. Bereicherungsrecht Rückabwicklung in Mehrpersonenverhältnissen (S. 118).

Ⓟ Sperrwirkung der Verwendungsersatzansprüche im EBV, §§ 994, 996 BGB

Vgl. Übersicht „Ungeschriebene Ausnahmen zu § 993 I Hs. 2 BGB" (S. 65).

Ⓟ Gestohlene Sachen als Sachen i.S.d. § 973 BGB

Auch gestohlene und dann vom Dieb weggeworfene Sachen fallen unter den § 973 BGB. Dafür spricht systematisch die Gleichstellung von verlorenen und gestohlenen Sachen in § 935 BGB. Auch zum Schutz des Finders, der einer Sache ihre Art des Abhandenkommens nicht ansehen kann, und zum Schutz des Eigentümers, der auf eine Abgabe beim Fundbüro hoffen darf, ist die Gleichstellung angezeigt.

© Jura Intensiv Verlags UG & Co. KG

IMMOBILIARSACHENRECHT

1. Teil: Rechtsgeschäftlicher Eigentumserwerb an unbeweglichen Sachen

PRÜFUNGSSCHEMA

SCHEMA ERWERB VOM BERECHTIGTEN, §§ 873, 925 I BGB

I. Einigung in der Form des § 925 I BGB (= Auflassung)

II. Eintragung im Grundbuch
   - ❓ Verstoß gegen GBO für Eigentumserwerb unbeachtlich

III. Einigsein bei Eintragung bzw. bei Bindungswirkung, § 873 II BGB durch:
   - Var. 1: notarielle Beurkundung, §§ 128, 127a BGB, § 8 BeurkG, § 894 ZPO
   - Var. 2: Erklärungen vor Grundbuchamt
   - Var. 3: Einreichung beider Erklärungen beim Grundbuchamt
   - Var. 4: Einreichung der Eintragungsbewilligung, §§ 19, 20, 29, 39 GBO

IV. Verfügungsbefugnis: der in der Verfügung nicht beschränkte Eigentümer
   [Anm.: Andere Quellen der Verfügungsbefugnis vgl. S. 15]
   - ❓ Maßgeblicher Zeitpunkt für Verfügungsbefugnis, § 878 BGB

SCHEMA ERWERB VOM NICHTBERECHTIGTEN, §§ 873, 925 I, 892 BGB

I. Rechtsgeschäft (Einigung + Eintragung) i.S.e. Verkehrsgeschäfts

II. Rechtschein der Berechtigung: Inhalt des Grundbuchs, § 891 BGB

III. Redlichkeit (vermutet - „es sei denn" § 892 I BGB)
   - Zeitpunkt: Einigung *und* Antragstellung (§ 13 GBO), § 892 II BGB
   - Maßstab: Kenntnis
   - Bezugspunkt: Eigentümerstellung ohne Verfügungsbeschränkungen
   [Anm.: Bei Anfechtbarkeit vorheriger dingl. Einigung beachte: § 142 II BGB]

IV. Kein Ausschluss z.B.
   - Widerspruch im Grundbuch, §§ 892 I 1, 899 BGB
   - Insolvenzvermerk, § 32 InsO
   - Zwangsvollstreckungsvermerk, § 19 II ZVG

DIE WICHTIGSTEN PROBLEME – LÖSUNGSANSÄTZE

Ⓟ Verstoß gegen GBO für Eigentumserwerb unbeachtlich
Um eine Eintragung herbeizuführen, ist ein Antrag des Veräußerers oder Erwerbers (§ 13 GBO) zu stellen und eine Eintragungsbewilligung (§§ 19, 20, 29, 39 GBO) in öffentlich beglaubigter Form (§ 129 BGB) abzugeben. Trägt das Grundbuchamt entgegen dieser Vorschriften ein, kommt es aber dennoch zum Eigentumserwerb.

Ⓟ Maßgeblicher Zeitpunkt für Vorliegen der Verfügungsbefugnis
Grundsätzlich kommt es für die Verfügungsbefugnis auf den Zeitpunkt des letzten Erwerbstatbestandmerkmals an (i.d.R. Eintragung).

Nach dem Eintritt der Bindungswirkung (§ 873 II BGB) *und* Antragstellung auf Eintragung (§ 13 GBO) sind später auftretende Verfügungsbeschränkungen ausnahmsweise unbeachtlich, § 878 BGB (vor gutgläubigem Erwerb anprüfen!).

[Fall: V und K einigen sich am 01.02. vor dem Notar über die Übertragung des Grundstücks. Die Auflassung wird auch sogleich beurkundet. Noch am gleichen Tag stellt K den Antrag auf Eintragung im Grundbuch. Am 15.02. wird das Insolvenzverfahren über das Vermögen des V eröffnet. Am 20.05. schließlich erfolgt die Eintragung des K in das Grundbuch. Wer ist Eigentümer des Grundstücks?]

<u>Lösung</u>: V und K haben sich in der Form des § 925 I BGB geeinigt und K wurde ins Grundbuch eingetragen. Die Einigung war mit notarieller Beurkundung bindend (§ 873 II Var. 1 BGB). Zwar muss grundsätzlich die Verfügungsbefugnis noch im Zeitpunkt des letzten Erwerbstatbestandmerkmals vorliegen; § 878 BGB i.V.m. § 91 II BGB verlagert den maßgeblichen Zeitpunkt für die Verfügungsbefugnis jedoch auf den Moment vor, in dem sowohl Bindungswirkung der Einigung eintrat als auch der Antrag auf Eintragung beim Grundbuchamt gestellt wurde (§ 13 GBO). Dies geschah beides noch vor der Eröffnung des Insolvenzverfahrens (§ 80 InsO), sodass K noch vom verfügungsberechtigten V Eigentum erwarb.

2. Teil: Hypothek

Die Grundpfandrechte (Hypothek und Grundschuld) sind Realsicherheiten an Immobilien. Die Hypothek (§§ 1113 – 1190 BGB) dient der Sicherung einer Forderung und hängt dabei von ihrer Entstehung, Übertragung und ihrem Bestand ab (Akzessorietät). Begleicht der Schuldner den gesicherten Anspruch nicht, kann der Hypothekar die Duldung der Zwangsversteigerung in das belastete Grundstück von dem jeweiligen Eigentümer verlangen (§ 1147 BGB) und so eine ersatzweise Befriedigung aus dem Versteigerungserlös erlangen.

PRÜFUNGSSCHEMA

SCHEMA ERSTERWERB HYPOTHEK VOM BERECHTIGTEN, §§ 873, 1113 BGB

I. **Zu sichernde Forderung, § 1113 BGB (Akzessorietät)**
   - Nicht entstandene oder erloschene Forderung

II. **Einigung, §§ 873, 1113 BGB**

III. **Eintragung, §§ 873, 1115 BGB**

IV. **Einigsein bei Eintragung (ggf. vorherige Bindungswirkung: § 873 II BGB)**

V. 1) **Briefhypothek: Briefübergabe, §§ 1116 I, 1117 I BGB**
   [Anm.: Fehlen Angaben im Sachverhalt handelt es sich um eine Briefhypothek]
   2) **Buchhypothek: Eintragung des Ausschlusses der Brieferteilung ins Grundbuch, § 1116 II BGB**

VI. **Verfügungsbefugnis: i.d.R. Eigentümer**

SCHEMA ERSTERWERB HYPOTHEK VOM NICHTBERECHTIGTEN, §§ 873, 1113, 892 BGB

I. **Rechtsgeschäft i.S.e. Verkehrsgeschäfts (§§ 873, 1113 BGB)**

II. **Rechtsschein, § 891 BGB**

III. **Redlichkeit (vermutet – „es sein denn", § 892 I BGB)**
   - Zeitpunkt: Antrag (§ 13 GBO) + Einigung + ggf. Briefübergabe, § 892 II BGB
   - Maßstab: Kenntnis
   - Bezugspunkt: Eigentümerstellung ohne Verfügungsbeschränkungen
   [Anm.: Bei Anfechtbarkeit vorheriger dingl. Einigung beachte: § 142 II BGB]

IV. **Kein Widerspruch (§ 892 I 1 BGB); Insolvenzvermerk (§ 32 InsO) oder Zwangsvollstreckungsvermerk (§ 19 II ZVG)**

SCHEMA ZWEITERWERB HYPOTHEK VOM BERECHTIGTEN, §§ 1153, 1154, 398 BGB

I. **Einigung über *Forderungs*übergang i.S.d. § 398 BGB**
   - Form bei Buchhypothek: schriftlich und Briefübergabe, §§ 1154 I 1, 1117 BGB
   - Form bei Buchhypothek.: Eintragung ins Grundbuch, §§ 1154 III, 873 BGB

II. **Verfügungsbefugnis des Zedenten bzgl. der Forderung**
   - Forderungsentkleidete Hypothek (§§ 1138 Alt. 1, 892 BGB)
   - Folgen des forderungsentkleideten Hypothekenerwerbs

III. **Verfügungsbefugnis des Zedenten bzgl. Hypothek**
   [Anm.: An dieser Stelle folgt häufig Inzidentprüfung des Ersterwerbs]

Immobiliarsachenrecht 45

PRÜFUNGSSCHEMA

**SCHEMA ZWEITERWERB HYPOTHEK VOM NICHTBERECHTIGTEN,
§§ 1153, 1154, 398, 892 BGB**

I. **Rechtsgeschäft i.S.e. Verkehrsgeschäfts (§§ 1153, 1154, 398 BGB)**
   ℗ Zweiterwerb Hypothek ist kein rechtsgeschäftl., sondern *gesetzl.* Erwerb

II. **Rechtschein der Berechtigung, § 891 BGB:** Eintragung als Hypothekar oder Hypothekenbrief + zusammenhängende, auf eingetragenen Gläubiger zurückzuführende Reihe öffentlich beglaubigter Abtretungserklärungen, § 1155 BGB

III. **Redlichkeit (vermutet – „es sei denn", § 892 I BGB)**
   - Zeitpunkt: Briefhypothek: letztes Erwerbstatbestm. (i.d.R. Briefübergabe) Buchhypothek, § 892 II BGB: Antrag (§ 13 GBO) + Einigung
   - Maßstab.: Kenntnis
   - Bezugspunkt: Hypothekarstellung ohne Verfügungsbeschränkungen
   [Anm.: Bei Anfechtbarkeit vorheriger dingl. Einigung beachte: § 142 II BGB]

IV. **Kein Widerspruch (§ 892 I 1 BGB); Insolvenzvermerk (§ 32 InsO) oder Zwangsvollstreckungsvermerk (§ 19 II ZVG)**

Gesetzlicher Erwerb Hypothek (Zahlungsfälle)
[Fall: Gläubiger (G) hat einen Darlehensrückzahlungsanspruch gegen Schuldner S. Zur Sicherheit bestellt Eigentümer E dem G eine Hypothek an seinem Grundstück. Danach zahlt E an G. Wem steht die Hypothek zu?]

Lösung: E erwirbt mit Zahlung die Forderung gegen S gesetzlich, gem. § 1143 BGB. Weil die Hypothek sich akzessorisch zur Forderung verhält, geht mit der gesicherten Forderung auch die Hypothek über, §§ 1143 I, 412, 401 I BGB. Gem. § 1177 II BGB wird die Hypothek nun wie eine Eigentümergrundschuld behandelt und erlischt – anders als beim Pfandrecht an beweglichen Sachen – nicht, sondern bleibt zwecks Rangwahrung erhalten.

℗ Wettlauf der Sicherer

DIE WICHTIGSTEN PROBLEME – LÖSUNGSANSÄTZE

℗ Nicht entstandene oder erloschene Forderung
Aufgrund des Akzessorietätsprinzips ist für den (Fort-)Bestand der Hypothek eine zu sichernde Forderung erforderlich. Diese Forderung ist i.d.R. ein Darlehensrückzahlungsanspruch (ggf. zukünftiger, § 1113 II BGB). Wird das Darlehen nie ausgezahlt oder der Vertrag nach Auszahlung angefochten, besteht ein zwar ein Rückzahlungsanspruch aus § 812 I 1 Alt. 1 BGB, dieser ist jedoch nur dann durch die Hypothek gesichert, wenn der Parteiwille ergibt (Bestimmtheitsgebot), dass auch der Bereicherungsanspruch auf Rückzahlung des Geldes gesichert sein soll.

℗ Forderungsentkleidete Hypothek (§§ 1138 Alt. 1, 892 BGB)
Wenn die Verfügungsbefugnis bzgl. der Forderung beim Zweiterwerb fehlt, kann die Hypothek dennoch erworben werden, wenn der Erwerber in Ansehung der Forderung gutgläubig war.

© Jura Intensiv Verlags UG & Co. KG

§ 1138 BGB ist kein Fall des gutgläubigen Erwerbs einer Forderung (§ 405; § 2366 BGB), sondern fingiert die Forderung nur, um den Hypothekenzweiterwerb zu ermöglichen. Infolgedessen entsteht eine Hypothek ohne, dass dem Hypothekar die Forderung zusteht. Folgende Fälle kommen in Betracht:

(1) Vinkulierte Forderung (Abtretungsverbot)
Haben Schuldner und Gläubiger ein Abtretungsverbot für die hypothekarisch gesicherte Forderung vereinbart (§ 399 Alt. 2 BGB), dieses aber nicht gem. § 877 BGB im Grundbuch eingetragen, ist eine Forderungsabtretung durch den Gläubiger an einen Dritten hinsichtlich des Forderungserwerbs unwirksam (anders unter Kaufleuten, § 354a I 1 HGB). Der Dritte erwirbt dann aber gutgläubig die Hypothek forderungsentkleidet gem. § 1138 BGB.

(2) Forderungsentkleidete Hypothek bei Anfechtung der Abtretung
[Fall: Schuldner (S) nimmt beim Gläubiger (G1) ein Darlehen auf und sichert den Rückzahlungsanspruch mit Hypothek. G1 tritt die Forderung formgerecht an G2 ab. G2 wird im Grundbuch eingetragen und überträgt die Forderung an G3. Nun ficht G1 die Abtretung an G2 wegen arglistiger Täuschung an. Wer ist Hypothekar?]

Lösung: Infolge ex-tunc-Wirkung der Anfechtung ist die Abtretung G1 an G2 von Anfang an als nichtig anzusehen. G2 hat daher als Nichtberechtigter bezüglich der Forderung verfügt. Der gutgläubige G3 hat allerdings eine forderungsentkleidete Hypothek (§ 1138 BGB) erworben.

(3) Forderungsentkleidete Hypothek bei Zahlung an den falschen Gläubiger (§ 407 BGB i.V.m. § 1156 S. 1 BGB)
[Fall: Eigentümer (E) bestellt zur Sicherung eines Darlehensrückzahlungsanspruchs des Gläubigers (G1) gegen den Schuldner (S) eine Hypothek. G1 tritt die Forderung formwirksam an G2 ab, ohne S hierüber zu informieren. S zahlt an G1. Anspruch G2 gegen E?]

Lösung: Zwar ist die Forderung gegen S nach §§ 407, 362 I BGB erloschen. Die Hypothek besteht jedoch wegen § 1156 S. 1 BGB auch ohne Forderung fort. G2 kann E aus seiner nun forderungsentkleideten Hypothek in Anspruch nehmen.

🅿 Folgen des forderungsentkleideten Hypothekenerwerbs
Nach der *Einheitslösung* (auch Mitreißtheorie) müssen Forderung und Hypothek stets vereint sein, sodass der Hypothekar auch die Forderung erwirbt.

Nach der überwiegend vertretenen *Trennungslösung* bleiben Forderung und Hypothek getrennt – die Akzessorietät aufgehoben. Der Forderungsinhaber kann dann aus der Forderung gegen den Schuldner und der Hypothekar aus § 1147 BGB gegen den Eigentümer vorgehen. Sind Eigentümer und Forderungsschuldner personenverschieden, geht mit Zahlung des Eigentümers an den Hypothekar die Forderung auf den Eigentümer über, § 1143 BGB.

[Anm.: Vor einer doppelten Inanspruchnahme kann sich der Forderungsschuldner, der auch Eigentümer des belasteten Grundstücks ist, durch Einrede aus dem (konkludent) geschlossenem Sicherungsvertrag (Wegfalls des Sicherungszwecks) gegen den persönlichen Gläubiger wehren. Hat der Forderungsschuldner versehentlich schon bezahlt, kann er beim Forderungsgläubiger kondizieren, § 813 BGB.
Sind Forderungsschuldner und Eigentümer personenverschieden, kommt nach Ansicht des BGH im Zweifel ebenfalls ein Sicherungsvertrag zwischen Forderungsschuldner und -gläubiger zustande, aus dem sich wiederum o.g. Einrede ergibt. Nach h.L. ist der Eigentümer Vertragspartei des Sicherungsvertrags und nicht der Forderungsschuldner. Letzterer kann die Einrede jedoch nach den Grundsätzen des Vertrags mit Schutzwirkungen zugunsten Dritter geltend machen.]

Immobiliarsachenrecht 47

🅟 Zweiterwerb Hypothek ist kein rechtsgeschäftl., sondern *gesetzl.* Erwerb
Zwar ist der Zweiterwerb der Hypothek kein rechtsgeschäftlicher, sondern gesetzl. Erwerb, sodass sich die Frage stellt, ob der gutgläubige Erwerb überhaupt möglich ist. Aber gem. § 1153 BGB ist Zweiterwerb der Hypothek ist *Folge* eines Rechtsgeschäfts (§ 398 BGB), sodass ein gutgläubiger Zweiterwerb der Hypothek möglich ist.

🅟 Wettlauf der Sicherer
Konstellation: Gläubiger (G) lässt sich seinen Anspruch gegen den Forderungsschuldner (S) zum einen durch einen Bürgen (B) und zum anderen vom Eigentümer (E) mit einer Hypothek sichern. Nun fällt der Schuldner aus.

Problem: Derjenige Sicherungsgeber (B oder E), welcher zuerst an den G zahlt, bekommt einen Regressanspruch gegen den jeweils anderen Sicherungsgeber. Zahlt der E, geht die gesicherte Forderung gegen den S auf ihn über (§ 1143 BGB). Mit der Forderung gehen auch für sie bestehende akzessorische Sicherheiten (hier: Bürgschaft) auf ihn über (§§ 412, 401 BGB), sodass E bei B vollständig Regress nehmen kann, während B sich an den – meist wenig solventen – S halten muss.

Zahlt zuerst der B an G, geht die gesicherte Forderung gegen den S auf ihn über (§ 774 I BGB). Mit der Forderung gehen auch für sie bestehende akzessorische Sicherheiten (hier: Hypothek) auf ihn über (§§ 412, 401 BGB), sodass B bei E vollständig Regress nehmen kann und E sich allein an den – meist wenig solventen – S halten muss.

Lösung: Um Zufallsergebnisse, bzw. einen Wettlauf der Sicherungsgeber, zu vermeiden, wendet die h.M. in diesen Fälle, wie beim Regress unter Mitbürgen § 426 I, II BGB analog an, sodass die jeweilige Sicherheit nur zur Hälfte auf den zahlenden Sicherungsgeber übergeht (vgl. auch 🅟 „Weglauf" der Sicherer, S. 51).

[Anm.: A.A: Lösung nach dem Wortlaut; a.A.: Analogie nur zugunsten des unbeschränkt haftenden Bürgen; a.A.: Analogie nur zugunsten des Eigentümers]

PRÜFUNGSSCHEMA

SCHEMA ANSPRUCH AUS HYPOTHEK AUF DULDUNG DER ZWANGSVOLLSTRECKUNG, § 1147 BGB

   I. **Anspruchsgegner: Grundstückseigentümer**

   II. **Anspruchssteller: Hypothekar**
   [Anm.: An dieser Stelle folgt häufig Inzidentprüfung des Erst- und Zweiterwerbs]

   III. **Fälligkeit der Hypothek, ggf. gem. § 1141 BGB**

   IV. **Keine Einreden**
   1. **Aus dem Forderungsverhältnis**
   [Anm. 1): Ist der Eigentümer gleichzeitig Forderungsschuldner, kann er dem Erwerber der Hypothek Einreden gegen die Forderung nach § 404 BGB entgegenhalten.
   Anm. 2): Sind Schuldner und Eigentümer personenverschieden, kann der Eigentümer Einreden gegen die Forderung auch dem Hypothekar entgegenhalten, § 1137 BGB.]
   2. **Aus dem Hypothekenverhältnis**
   [Anm.: Wenn nicht im Grundbuch eingetragen ist gutgläubiger einredefreier Zweiterwerb der Hypothek denkbar, §§ 1157 S. 2, 892 BGB]

© Jura Intensiv Verlags UG & Co. KG

3. Teil: Grundschuld

Die Grundschuld (§§ 1191 – 1203 BGB) wird - wie die Hypothek - regelmäßig zur Sicherung einer Forderung bestellt. Begleicht der Schuldner die Forderung nicht, kann der Grundschuldinhaber – wie der Hypothekar – vom jeweiligen Eigentümer die Duldung der Zwangsvollstreckung in das Grundstück verlangen (§§ 1192 I, 1147 BGB). Im Unterschied zur Hypothek hängt die Entstehung, Übertragung und der Bestand der Grundschuld jedoch nicht von der Forderung ab (keine Akzessorietät des Grundpfandrechts zur Forderung, sondern abstraktes Sicherungsmittel).

§ 1192 I BGB verweist nur auf solche Vorschriften des Hypothekenrechts, die nicht Ausdruck des Akzessorietätprinzips sind. Vorschriften, die das Wort „Forderung" enthalten, sind zunächst verdächtig, solche nicht anwendbare Akzessorietätsvorschriften zu sein. Anstelle der Regelung einer solchen Akzessorietätsvorschrift tritt im Grundschuldrecht meist ein Anspruch aus dem Sicherungsvertrag (§ 311 I BGB) gerichtet auf die Rechtsfolge, welche im Hypothekenrecht kraft Gesetzes eintreten würde.

BEISPIEL: Begleicht der Eigentümer eines belasteten Grundstücks die gesicherte Forderung, würde er im Hypothekenrecht wegen der Akzessorietät die Hypothek per Gesetz erwerben, § 1143 I 1 bzw. § 1163 I 2 BGB (vgl. S. 45). Im Grundschuldrecht bleibt die Grundschuld beim Sicherungsnehmer und der Eigentümer hätte lediglich gegen jenen einen Anspruch auf Grundschuldabtretung aus dem Sicherungsvertrag, § 311 I BGB (vgl. S. 49 f.).

PRÜFUNGSSCHEMA

SCHEMA ERSTERWERB GRUNDSCHULD VOM BERECHTIGTEN, §§ 873, 1191 BGB

[Anm.: keine zu sichernde Forderung/Sicherungsabrede erforderlich, aber üblich]

I. Einigung, §§ 873, 1191 BGB

II. Eintragung, §§ 1192 I, 1115 BGB *[Anm.: ohne Schuldgrundangabe]*

III. Einigsein bei Eintragung (ggf. vorherige Bindungswirkung: § 873 II BGB)

IV. a) Briefgrundschuld: Übergabe Brief, §§ 1192 I, 1116 I, 1117 BGB
    b) Buchgrundschuld: Eintragung des Ausschlusses des Briefs, §§ 1192 I, 1116 II BGB

V. Verfügungsbefugnis: i.d.R. Eigentümer

SCHEMA ERSTERWERB GRUNDSCHULD VOM NICHTBERECHTIGTEN, §§ 873, 1191, 892 BGB

[Anm.: keine zu sichernde Forderung/Sicherungsabrede erforderlich, aber üblich]

I. Rechtsgeschäft (Einigung + Eintragung + Briefübergabe bzw. Eintragung des Ausschlusses) i.S.e. Verkehrsgeschäfts (§§ 873, 1191 BGB)

II. Rechtsscheinträger: § 891 BGB [Eintragung als Eigentümer]

III. Redlichkeit (vermutet - „es sei denn", § 892 I BGB)
   - Zeitpunkt: § 892 II BGB Antrag (§ 13 GBO) + Einigung
   - Maßstab: Kenntnis
   - Bezugspunkt: Eigentümerstellung ohne Verfügungsbeschränkungen
   [Anm.: Bei Anfechtbarkeit vorheriger dingl. Einigung beachte: § 142 II BGB]

IV. Kein Widerspruch (§ 892 I 1 BGB); Insolvenzvermerk (§ 32 InsO) oder Zwangsvollstreckungsvermerk (§ 19 II ZVG)

PRÜFUNGSSCHEMA

SCHEMA ZWEITERWERB GRUNDSCHULD VOM BERECHTIGTEN
§§ 413, 398, 1191 I, 1154 BGB

I. Einigung über *Grundschuld*übergang i.S.d. §§ 413, 398 BGB
   - Form bei Briefgrundschuld: schriftl. und Briefübergabe, §§ 1192 I, 1154 I 1, 1117 BGB
   - Form bei Buchgrundschuld: Eintragung ins Grundbuch, §§ 1192 I, 1154 III, 873 BGB

II. Verfügungsbefugnis bzgl. Grundschuld

SCHEMA ZWEITERWERB GRUNDSCHULD VOM NICHTBERECHTIGTEN,
§§ 398, 413, 1192 I, 1154, 892 BGB

I. Rechtsgeschäft (Einigung + Briefübergabe bzw. Eintragung des Ausschlusses) i.S.e. Verkehrsgeschäfts

II. Rechtsscheinträger: § 891 BGB [Eintragung als Inhaber der Grundschuld] oder Brief + zusammenhängende, auf eingetragenen Inhaber zurückführenden Reihe öffentlich beglaubigter Abtretungserklärungen, §§ 1192 I, 1155 BGB

III. Redlichkeit (vermutet - „es sei denn", § 892 I BGB)
   - Zeitpunkt: Briefgrundschuld: letztes Erwerbstatbestandsmerkmal (i.d.R. Briefübergabe)
     Buchgrundschuld, § 892 II BGB: Antrag (§ 13 GBO) + Einigung
   - Maßstab: Kenntnis
   - Bezugspunkt: Inhaberschaft GS ohne Verfügungsbeschränkungen
   [Anm.: Bei Anfechtbarkeit vorheriger dingl. Einigung beachte: § 142 II BGB]

IV. Kein Widerspruch (§ 892 I 1 BGB); Insolvenzvermerk (§ 32 InsO) oder Zwangsvollstreckungsvermerk (§ 19 II ZVG)

Gesetzlicher Zweiterwerb Grundschuld (Zahlungsfälle)
Die Grundschuld kann durch Zahlung auf diese gesetzlich erworben werden. Dazu muss genau geprüft werden, wer zahlt und worauf gezahlt wird (Tilgungsbestimmung).

Differenziere: *Wer* zahlt *worauf*?

1) Schuldner ist gleichzeitig Eigentümer des belasteten Grundstücks

Schuldner zahlt auf *Forderung*	
Dann: Auswirkungen auf Forderung: • Erlischt, § 362 I BGB	Dann: Auswirkungen auf Grundschuld: • Bleibt als abstrakte Sicherheit beim Gläubiger bestehen [insbes. kein § 1163 BGB] • Eigentümer hat Anspruch aus Sicherungsvertrag auf Rückübertragung, §§ 311 I, 241 I BGB • Falls Gläubiger dennoch Duldung der ZV verlangt (§§ 1192 I, 1147 BGB), hat Eigentümer dolo-agit-Einwand (§ 242 BGB) i.V.m. o.g. Rückübertragungsanspruch

Schuldner zahlt auf *Grundschuld*	
Dann: Auswirkungen auf Forderung: • Erlischt analog § 364 II BGB	Dann: Auswirkungen auf Grundschuld: • Umwandlung in Eigentümergrundschuld analog §§ 1142, 1143 BGB; nach a.A. analog § 1163 BGB (gesetzl. Erwerb)

2) Schuldner und Eigentümer d. belasteten Grundstücks personenverschieden

Schuldner zahlt auf *Forderung*	
Dann: Auswirkungen auf Forderung: • Erlischt, § 362 I BGB	Dann: Auswirkungen auf Grundschuld: • Bleibt als abstrakte Sicherheit beim Gläubiger bestehen [insbes. kein § 1163 BGB] • Eigentümer hat Anspruch aus Sicherungsvertrag auf Rückübertragung, §§ 311 I, 241 I BGB • Falls Gläubiger dennoch Duldung der ZV verlangt (§§ 1192 I, 1147 BGB) hat Eigentümer dolo-agit-Einwand (§ 242 BGB) i.V.m. o.g. Rückübertragungsanspruch

Eigentümer zahlt auf *Grundschuld*	
Dann: Auswirkungen auf Forderung: • Forderung bleibt zu Regresszwecken gegen den Schuldner bestehen. • Eigentümer hat Anspruch gegen Gläubiger auf Abtretung der Forderung aus Sicherungsvertrag, §§ 311 I, 241 I BGB	Dann: Auswirkungen auf Grundschuld: • Umwandlung in Eigentümergrundschuld analog §§ 1142, 1143 BGB; nach a.A. analog § 1163 BGB (gesetzl. Erwerb)

[Anm.: Anders als im Hypothekenrecht, wo nur eine Tilgung der Forderung in Betracht kommt, kann bei der Grundschuld wahlweise auf diese oder auf die gesicherte Forderung gezahlt werden. Fehlen Angaben zur Tilgungsbestimmung und findet sich auch im Sicherungsvertrag keine Auslegungsregel, so ist im Zweifel bei Zahlung einer Rate auf die Forderung und bei Rückzahlung des ganzen Betrags auf die Grundschuld geleistet worden. Bei drohendem Anspruch auf Duldung der Zwangsvollstreckung (§§ 1192 I, 1147 BGB) sind Zahlungen ohne Tilgungsbestimmung immer auf die Grundschuld anzusehen.]

P „Weglauf" der Sicherer

PRÜFUNGSSCHEMA

SCHEMA ANSPRUCH AUS GRUNDSCHULD AUF DULDUNG DER ZWANGSVOLLSTRECKUNG, §§ 1192 I, 1147 BGB

I. **Anspruchsgegner:** Grundstückseigentümer

II. **Anspruchssteller: Grundschuldinhaber** *[Anm.: Inzidentprüfung Erst- und Zweiterwerb]*

III. **Fälligkeit der Grundschuld, § 1193 BGB**

IV. **Keine Einreden**
  1. **Aus Sicherungsvertrag bei Sicherungsgrundschuld (§ 1192 Ia BGB)**
     ℗ Einreden aus Sicherungsvertrag (§ 311 I BGB)
     BEISPIEL: Dolo agit (§ 242 BGB) aufgrund treuhänderischen Freigabeanspruchs
  2. **Aus dem Grundschuldverhältnis**
     BEISPIEL: Nachträgliche Stundung der Grundschuld
  3. **Dolo agit (§ 242 BGB) i.V.m. Forderung, die *nicht* aus Sicherungsvertrag entstammt**
     BEISPIEL: Vom Nichtberechtigten unentgeltlich erlangte Grundschuld, § 816 I 2 BGB

SCHEMA GRUNDBUCHBERICHTIGUNGSANSPRUCH, § 894 BGB

I. **Formelle Grundbuchlage:** Scheinbare Rechtslage laut Grundbuch

II. **Materielle Rechtslage: Wirkliche Rechtslage** *[Anm.: Inzidentprüfung]*

III. **Abweichung zum Nachteil des materiell Berechtigten**

Rechtsfolge: Anspruch des materiell Berechtigten gegen den Buchberechtigten auf Zustimmung (§§ 19, 29 GBO) zur Grundbuchänderung

℗ Verhältnis des Eigentümers zum Bucheigentümer analog §§ 997 ff. BGB

[Anm.: Daneben Herausgabe der Buchposition aus § 812 I 1 Alt. 1 BGB oder § 812 I 1 Alt. 2 BGB]

DIE WICHTIGSTEN PROBLEME – LÖSUNGSANSÄTZE

℗ „Weglauf" der Sicherer

[Fall (BGH, Urt. v. 29.06.1989 - IX ZR 175/8): Gläubiger (G) lässt sich seinen Anspruch gegen den Forderungsschuldner (S) zum einen durch einen Bürgen (B) und zum anderen vom Eigentümer (E) mit einer Grundschuld sichern. Nun fällt der Schuldner aus.]

Problem: Derjenige Sicherungsgeber (B oder E), welcher zuerst an den G zahlt, hat keinen Regressanspruch gegen den jeweils anderen Sicherungsgeber. Zahlt der E auf die Grundschuld, geht diese auf ihn über (vgl. Zahlungsfälle S. 49. f.). Wegen der Abstraktion von Grundschuld und Forderung bleibt letztere beim G, sodass auch für sie bestehende akzessorische Sicherheiten (Bürgschaft) beim G verbleiben und E bei B keinen Regress nehmen kann.

Zahlt der B an G, geht zwar die gesicherte Forderung gegen den S auf B über (§ 774 I BGB). Mit der Forderung geht allerdings die von ihr abstrakte Grundschuld nicht auf B über, sodass B bei E keinen Regress nehmen.

© Jura Intensiv Verlags UG & Co. KG

Lösung: Um Zufallsergebnisse, bzw. einen „Weglauf" der gleichrangigen Sicherungsgeber, zu vermeiden, wendet die h.M. bei Zahlung des E § 426 I, II BGB analog an, sodass die akzessorische Sicherheit zur Hälfte auf den E übergeht. Zahlt B, dann hat er analog § 401 BGB einen Anspruch gegen G auf Abtretung der Grundschuld zum halben Nennwert (vgl. auch ❾ Wettlauf der Sicherer, S. 32).

[Anm.: A.A: Lösung nach dem Wortlaut; a.A.: Analogie nur zugunsten des unbeschränkt haftenden, meist altruistisch handelnden Bürgen; a.A.: Analogie nur zugunsten des Eigentümers.]

❾ Einreden aus dem Sicherungsvertrag (§ 311 I BGB)
Bei einer Grundschuld zur Sicherung eines Anspruchs (Sicherungsgrundschuld), können Einreden aus dem Sicherungsvertrag gegen den Ersterwerber und jeden weiteren Erwerber (Zessionar) erhoben werden (§ 1192 Ia 1 Hs. 1 BGB). Eine solche Einrede kann beispielsweise nach Wegfall des Sicherungszwecks durch Rückzahlung des Darlehens oder infolge Nichtigkeit des Darlehensvertrags aus § 311 I BGB i.V.m. dolo agit (§ 242 BGB) bestehen.
Ein gutgläubiger einredefreier Erwerb solcher Einreden *aus dem Sicherungsvertrag* ist nicht möglich (§ 1192 Ia 1 Hs. 2 BGB).
Möglich bleibt hingegen ein gutgläubiger einredefreier Erwerb gem. §§ 1192 Ia 2, 1157 S. 2 BGB hinsichtlich Einreden *aus dem Grundschuldverhältnis*.

BEISPIEL: Nachträgliche Stundung der Grundschuld oder Einwendungen gegen den Bestand der Grundschuld

❾ Verhältnis des Eigentümers zum Bucheigentümer analog §§ 997 ff. BGB
Nach h.M. gelten die Vorschriften über das EBV (vgl. S. 60 ff.) analog für das Verhältnis zwischen dem wahren Grundstückseigentümer und dem besitzenden Bucheigentümer.

BEISPIEL: Der fälschlicherweise im Grundbuch als Eigentümer eingetragene Besitzer kann dem Grundbuchberichtigungsanspruch des wahren Eigentümers ein Zurückbehaltungsrecht aus § 1000 BGB i.V.m. §§ 994 ff. BGB entgegenhalten, wenn er ersatzfähige Verwendungen auf das Grundstück gemacht hat.

4. Teil: Vormerkung

Die Vormerkung sichert als akzessorisches Sicherungsmittel eigener Art (sui generis) einen Anspruch auf dingliche Rechtsänderung an einem Grundstück, indem sie dem Vormerkungsberechtigten und Anspruchsinhaber eine gefestigte Erwerbsaussicht schafft.

P Wirkungen der Vormerkung, § 883 II, III BGB (analog)

PRÜFUNGSSCHEMA

SCHEMA ERSTERWERB VORMERKUNG VOM BERECHTIGTEN, §§ 883 I, 885 BGB

I. Zu sichernder Anspruch i.S.v. § 883 I BGB

 [Anm.: akzessorische Sicherheit]

 P Anforderungen an den zu sichernden Anspruch (§ 883 I 2 BGB)

II. Eintragungsbewilligung oder einstweilige Verfügung (§ 935 ZPO), § 885 BGB

III. Eintragung in das Grundbuch, § 885 BGB

IV. Berechtigung des Bewilligenden

 [Anm.: Maßgeblicher Zeitpunkt für die Berechtigung: Ab bindender Bewilligung und Antragstellung, analog § 878 BGB]

SCHEMA ERSTERWERB VORMERKUNG VOM NICHTBERECHTIGTEN, §§ 883 I, 885, 892, i.V.m. § 893 Alt. 2 BGB analog

P Begründung der Analogie zu § 893 Alt. 2 BGB

I. Rechtsgeschäft i.S.e. Verkehrsgeschäfts (§§ 883 I, 885 BGB)

II. Rechtsschein der Berechtigung, analog § 891 BGB

III. Redlichkeit (vermutet - „es sei denn", § 892 I BGB)

- Zeitpunkt: analog § 892 II BGB Antrag (§ 13 GBO) + Bewilligung
- Maßstab: Kenntnis
- Bezugspunkt: Eigentümerstellung ohne Verfügungsbeschränkungen

IV. Keine Rechtsscheinzerstörung durch widersprechende Eintragung

SCHEMA ZWEITERWERB VORMERKUNG VOM BERECHTIGTEN, §§ 398, 401 BGB analog

I. Einigung über *Forderungs*übergang, § 398 BGB [grdsl. formfrei]

II. Verfügungsbefugnis bzgl. Forderung

III. Verfügungsbefugnis bzgl. Vormerkung

PRÜFUNGSSCHEMA

SCHEMA ZWEITERWERB VORMERKUNG VOM NICHTBERECHTIGTEN, §§ 398, 401 analog i.V.m. §§ 892, 893 Alt. 2 BGB analog

I. Rechtsgeschäft (§§ 398, 401 BGB analog) i.S.e. Verkehrsgeschäfts

  ❓ Zweiterwerb Vormerkung ist eigentlich kein *rechtsgeschäftlicher* Erwerb

II. Rechtsschein der Berechtigung, analog § 891 BGB

III. Redlichkeit (vermutet - „es sei denn", § 892 I BGB)
- Zeitpunkt: letztes Erwerbstatbestandsmerkmal
- Maßstab: Kenntnis
- Bezugspunkt: Vormerkungsberechtigung ohne Verfügungsbeschränkungen

IV. Keine Rechtsscheinzerstörung durch widersprechende Eintragung

SCHEMA VORMERKUNGSBESEITIGUNGSANSPRUCH, § 886 BGB

I. Anspruchsgegner hat eine wirksame Vormerkung am Grundstück des Anspruchsstellers (bzw. an dessen Grundstücksrecht)

  [Anm.: anderenfalls Grundbuchberichtigungsanspruch, § 894 BGB]

II. Vormerkung ist wirksam eingetragen

III. Der mit Vormerkung gesicherte Anspruch ist wirksam

  [Anm.: anderenfalls Grundbuchberichtigungsanspruch, § 894 BGB]

IV. Gegen diesen Anspruch hat Anspruchssteller aber Einrede, welche die Geltendmachung des Anspruchs dauerhaft ausschließt.

  BEISPIEL: §§ 214, 821, 853 BGB

V. Erhebung der Einrede durch den Anspruchssteller

  Rechtsfolge: Löschung der Vormerkung durch den Vormerkungsberechtigten:
- Materiell-rechtliche Aufgabeerklärung, analog § 875 I BGB und
- Beantragung beim Grundbuchamt, § 13 GBO und
- Grundbuchverfahrensrechtliche Bewilligung, §§ 19, 29 GBO

DIE WICHTIGSTEN PROBLEME – LÖSUNGSANSÄTZE

❓ Wirkungen der Vormerkung, § 883 II, III BGB (analog)

Die Vormerkung konserviert die Rechtslage für den Vormerkungsberechtigten im *Zeitpunkt ihrer Eintragung*. Ab ihrer Eintragung sind Zwischenverfügungen für den Erwerb des Vormerkungsberechtigten unschädlich. Die Wirkungen der Vormerkungen sind im Gutachten erst an der Stelle anzusprechen, wo sie zum Tragen kommen.

- Spätere Zwischenverfügungen, § 883 II 1 BGB i.V.m. § 888 BGB

[Fall: Verkäufer V bewilligt Käufer K eine Vormerkung an seinem Grundstück, die auch eingetragen wird, und übereignet das Grundstück dann wirksam an D. Kann K von V Übereignung des Grundstücks verlangen?]

© Jura Intensiv Verlags UG & Co. KG

Lösung: Der Anspruch K gegen V auf Übereignung (§§ 433 I 1, 311b BGB) ist nicht durch rechtliche Unmöglichkeit erloschen. Da K als Vormerkungsberechtigter von D nach § 888 BGB die Bewilligung zur Eintragung (§§ 19, 20 GBO) verlangen kann und V für K weiterhin als verfügungsbefugt gilt (§ 883 II BGB), ist die Übereignung von V an K auch zukünftig möglich. Der Anspruch besteht. *[Anm.: Ein Grundbuchberichtigungsanspruch des Vormerkungsberechtigten gegen den Dritten besteht nicht, da das Grundbuch richtig ist (häufiger Fehler!)]*

- Späterer hoheitlicher Erwerb (z.B. § 90 I ZVG), § 883 II 2 BGB
- Später eingetragene Grundpfandrechte, wegen Rangwahrung durch, § 883 III BGB
- Spätere sonstige Erwerbshindernisse, analog § 883 II BGB (h.M.)

BEISPIEL: Verfügungsbeschränkungen wie die Eröffnung des Insolvenzverfahrens (§ 80 InsO) oder Rechtsscheinvernichtende Eintragungen im Grundbuch wie Insolvenzvermerk (§ 32 InsO), Zwangsversteigerungsvermerk (§ 19 II ZVG).

- Spätere Grundbuchberichtigung (§ 894 BGB), analog § 883 II BGB (h.M.)

[Fall: Der im Grundbuch eingetragene Verkäufer V bewilligt seinem Käufer K eine Vormerkung, die auch eingetragen wird. Dann stellt sich heraus, dass E wahrer Eigentümer des Grundstücks ist, worauf das Grundbuch dahingehend berichtigt wird. Kann K von V Übereignung des Grundstücks verlangen?]

Lösung: Der Anspruch K gegen V auf Übereignung (§§ 433 I 1, 311b BGB) ist nicht infolge rechtlicher Unmöglichkeit erloschen (§ 883 II 1 BGB). K kann als Vormerkungsberechtigter (Ersterwerb vom Nichtberechtigten) nach § 888 BGB die Zustimmung (§ 20 GBO) von E verlangen. Die Grundbuchberichtigung ist der das vorgemerkte Recht störender „Rechtserwerb". Der Rechtsschein der Berechtigung (§ 891 BGB) zugunsten des V wird für K im Zeitpunkt der Vormerkungseintragung konserviert. Auch für die Gutgläubigkeit des K kommt es nur auf den Zeitpunkt der Vormerkungseintragung an. K kann auch zukünftig noch von V Eigentum erwerben.

- Spätere Kenntnis von Unrichtigkeit des Grundbuchs, analog § 883 II BGB (h.M.)
- Aber *kein* Schutz vor späterer Vermietung/Verpachtung wg. § 566 BGB (h.M.)
- Das Verhältnis zwischen Vormerkungsberechtigtem und Zwischenerwerber bestimmt sich im Übrigen nach den §§ 994 ff. BGB analog.

ⓟ Anforderungen an den zu sichernden Anspruch

Der zu sichernde Anspruch muss ein schuldrechtlicher Anspruch auf dingliche Rechtsänderung sein und sich grundsätzlich gegen den gegenwärtigen Inhaber des betroffenen Rechts richten. Vormerkungsinhaber kann nur der Gläubiger des zu sichernden Anspruchs werden (doppeltes Identitätsgebot).
Bei der Sicherung eines zukünftigen Anspruchs (§ 883 I 2 BGB) muss das endgültige Entstehen des Anspruchs nur noch einseitig vom Willen des Berechtigten abhängig sein (bestehender „Rechtsboden" der zu sichernden Forderung).

ⓟ Begründung der Analogie zu § 893 Alt. 2 BGB

Eine Regelungslücke besteht, da § 893 Alt. 2 BGB nur auf Verfügungen von *Grundstücksrechten* anwendbar ist, die Vormerkung aber kein dingliches Recht, sondern ein Sicherungsmittel *sui generis* ist und ein eigener Gutglaubenstatbestand fehlt. Die Regelungslücke ist planwidrig, da der Gesetzgeber bei Schaffung der Vormerkung ihrer Bedeutung für die Praxis unterschätzte. Die Interessenslage ist jedoch vergleichbar, weil die Vormerkung verfügungsähnlichen Charakter aufweist, wie § 883 II BGB zeigt, und sie eintragungsfähig ist. Nach a.A. sei § 892 BGB unmittelbar anwendbar.

P Zweiterwerb Vormerkung ist eigentlich kein rechtsgeschäftlicher Erwerb
Zweiterwerb ist *gesetzlicher* Erwerb, aber analog §§ 401, 413 BGB unmittelbare *Folge* eines Rechtsgeschäfts (§ 398 BGB), sodass nach h.M. der gutgläubiger Zweiterwerb möglich sein soll. Ein gutgläubiger Zweiterwerb ist jedoch ausgeschlossen, wenn der Ersterwerb an fehlender/ unwirksamer Forderung litt.

5. Teil: Dingliches Vorkaufsrecht

Das **dingliche Vorkaufsrecht** ist ein Grundstücksrecht, kraft dessen der Vorkaufsberechtigte im Vorkaufsfall (= Kauf eines Erstkäufers vom Vorkaufsverpflichteten) durch einseitige Erklärung einen Kauf zwischen ihm und dem Vorkaufsverpflichteten zustande bringen kann. Das dingliche Vorkaufsrecht wirkt für den Vorkaufsberechtigten wie eine Vormerkung (§ 1098 II BGB). Das **schuldrechtliche Vorkaufsrecht** (§§ 463 ff. BGB), lässt sich dagegen auch an beweglichen Sachen vereinbaren und wirkt nur zwischen den Vertragspartnern (nicht wie das dingliche Vorkaufsrecht auch gegen den jeweiligen Eigentümer). Effektiven Schutz vermittelt das schuldrechtliche Vorkaufsrecht daher nur, wenn es mit einem dinglichen Vorkaufsrecht oder einer Vormerkung (§ 883 I 2 BGB) abgesichert wird.

PRÜFUNGSSCHEMA

SCHEMA ERWERB DINGLICHES VORKAUFSRECHT VOM BERECHTIGTEN, §§ 873 I Var. 2, 1094 BGB

  I. Einigung über Bestellung eines dinglichen Vorkaufsrechts
       ℗ Formfreie Bestellung des dinglichen Vorkaufsrechts
  II. Eintragung im Grundbuch
  III. Einigsein bei Eintragung oder Bindungswirkung (§ 873 II BGB)
  IV. Verfügungsberechtigung
       ℗ Übertragbarkeit subjektiv-persönlicher und subjektiv-dinglicher Vorkaufsrechte

SCHEMA ERWERB DINGLICHES VORKAUFSRECHT VOM NICHTBERECHTIGTEN, §§ 873 I Var. 2, 1094, 892 BGB

  I. Rechtsgeschäft (§§ 873 I Var. 2, 1094 BGB) i.S.e. Verkehrsgeschäfts
  II. Rechtsschein der Berechtigung, § 891 BGB
  III. Redlichkeit (vermutet - „es sei denn", § 892 I BGB)
  - Zeitpunkt § 892 II BGB: Antrag (§ 13 GBO) + Bewilligung
  - Maßstab: Kenntnis
  - Bezugspunkt: Eigentümerstellung ohne Verfügungsbeschränkungen
  IV. Keine Rechtsscheinzerstörung durch widersprechende Eintragung

PRÜFUNGSSCHEMA

SCHEMA AUSÜBUNG DES DINGLICHEN VORKAUFSRECHTS, §§ 1098 I 1, 463 ff. BGB

I. **Bestehendes Vorkaufsrecht**

   [Anm.: Inzidentprüfung des Erwerbs]

II. **Vorkaufsfall: Wirksamer Kaufvertrag zwischen Vorkaufsverpflichtetem und Erstkäufer (§§ 1098 I 1, 463 BGB)** [Anm.: Nicht Tausch oder Schenkung].

   [Anm.: Der Rücktritt des Erstkäufers vom Kaufvertrag beseitigt das Recht des Vorkaufsberechtigten zur Ausübung des Vorkaufsrechts nicht.]

III. **Vorkaufserklärung: Formfreie (h.M.) empfangsbedürftige Willenserklärung gegenüber dem Vorkaufsverpflichteten (§§ 1098 I 1, 464 I BGB)**

IV. **Innerhalb Vorkaufsfrist: zwei Monate ab Mitteilung durch den Verpflichteten (§§ 1098 I 1, 469 II 1 BGB) (dispositiv).**

   Rechtsfolge: Durch die Ausübung des Vorkaufsrechts (Gestaltungsrecht) kommt ein neuer selbstständiger Kaufvertrag zwischen dem Berechtigten und dem Verpflichteten zustande (§§ 433 I 1 i.V.m. §§ 1098 I 1, 464 II BGB). Der Inhalt des Vertrags richtet sich nach den Vereinbarungen, die der Verpflichtete mit dem Erstkäufer geschlossen hat (Vertragsidentität).

   P Verhältnis zwischen Vorkaufsberechtigtem und Erstkäufer

DIE WICHTIGSTEN PROBLEME – LÖSUNGSANSÄTZE

P Formfreie Bestellung des dinglichen Vorkaufsrechts

Das dingliche Verfügungsgeschäft muss dem sachenrechtlichen Bestimmtheitsgrundsatz genügen. Eine notarielle Beurkundung analog § 311b I BGB, wie der BGH sie früher verlangte, ist dagegen nach heutiger Rechtsprechung nicht nötig. Durch die Bestellung wird unmittelbar keine Verpflichtung zum Erwerb eines Grundstücks begründet (Trennungsprinzip). Wenn schon die Verfügung über Grundstückseigentum nicht der notariellen Beurkundung (sondern nur § 925 I BGB) bedarf, dann muss die Bestellung eines dinglichen Vorkaufrechts erst recht ohne eine solche Beurkundung möglich sein.

P Übertragbarkeit subj.-persönlicher und subj.-dinglicher Vorkaufsrechte

Aus einem dinglichen Vorkaufsrecht wird entweder eine bestimmte Person (subjektiv-persönliches, §§ 1094 I, 1103 II BGB) oder der jeweilige Eigentümer eines anderen, herrschenden Grundstücks (subjektiv-dingliches, §§ 1094 II, 1103 I BGB) berechtigt. Ein subjektiv-dingliches Vorkaufsrecht haftet dem herrschenden Grundstück untrennbar als Bestandteil (§ 96 BGB) an. Ein isolierter Zweiterwerb ist nicht möglich. Auch das subjektiv-persönliche Vorkaufsrecht ist im Zweifel unveräußerlich und unvererblich (§ 1098 I i.V.m. § 473 BGB); etwas anderes gilt nur bei Eintragung der Übertragbarkeit im Grundbuch.

Ⓟ Verhältnis zwischen Vorkaufsberechtigtem und Erstkäufer

Nach Ausübung des Vorkaufsrechts genießt der Vorkaufsberechtigte gegenüber dem Erstkäufer und Dritten den Schutz eines Vormerkungsberechtigten, §§ 1098 II, 885 II, III, 888 BGB (vgl. S. 54). Der Erstkäufer hat aber bis zur Begleichung seiner Kaufpreiszahlung ein Zurückbehaltungsrecht nach § 1100 S. 1 BGB gegen den Zustimmungsanspruch aus §§ 1098 II, 888 BGB.

Außerdem kommen nach h.M. wechselseitige Ansprüche zwischen Vormerkungsberechtigtem und Erstkäufer nach den Vorschriften des EBV (vgl. S. 62 ff.) analog §§ 987 ff., §§ 994 ff. BGB in Betracht.

EIGENTÜMER-BESITZER-VERHÄLTNIS (EBV)

Das Eigentümer-Besitzer-Verhältnis enthält Sonderregelungen für die Zeit, in der Eigentum und Besitz unberechtigt auseinanderfallen. Es dient der Vereinigung von Eigentum Besitz, der Privilegierung des redlichen, unverklagten Besitzers sowie dem Interessensausgleich zwischen Eigentümer und Besitzer bezüglich Nutzungen, Schäden und Verwendungen.

1. Teil: Ansprüche des Eigentümers gegen den Besitzer

PRÜFUNGSSCHEMA

GRUNDSCHEMA HERAUSGABEANSPRUCH EIGENTÜMER → BESITZER, § 985 BGB

I. Anspruchssteller ist Eigentümer
II. Anspruchsgegner ist (un-)mittelbarer Besitzer
III. Kein Recht zum Besitz des Besitzers ggü. dem Eigentümer
IV. Rechtsfolge: Herausgabe an den Eigentümer bzw. an dessen Besitzmittler (§ 986 I 2 BGB)

SCHEMA MIT PROBLEMEN HERAUSGABEANSPRUCH EIGENTÜMER → BESITZER, § 985 BGB

I. **Anspruchssteller ist Eigentümer**
[Anm.: häufig folgt hier chronologische Inzidentprüfung des Erwerbs]

II. **Anspruchsgegner ist (un-)mittelbarer Besitzer**
   ℗ Geldherausgabe als Anspruchsbegehren

III. **Kein Recht zum Besitz des Besitzers ggü. dem Eigentümer**
   1. Recht zum Besitz unmittelbar ggü. Eigentümer, § 986 I 1 Alt. 1 BGB
      BEISPIEL: Werkunternehmer- (§ 647 BGB); Faustpfandrecht (§§ 1204 ff. BGB) oder Vermieterpfandrecht (§ 562 i.V.m. § 562b BGB)
      ℗ Dolo agit (§ 242 BGB) i.V.m. Herausgabe- und Verschaffungsanspruch als Recht zum Besitz
      ℗ Anwartschaftsrecht als Recht zum Besitz?
      ℗ Zurückbehaltungsrecht als Recht zum Besitz?
      ℗ Echte berechtigte GoA
      ℗ Sonstige Besitzrechte kraft Gesetzes
   2. Abgeleitetes Recht zum Besitz ggü. Eigentümer, § 986 I 1 Alt. 2 BGB
      Beachte: Jedes Schuldverhältnis wirkt nur relativ zwischen den Parteien.
      a) Besitzrecht des unmittelbaren Besitzer ggü. mittelndem Besitzer
      b) Besitzrecht des mittelnder Besitzer ggü. Eigentümer
      c) Befugnis des mittelnden Besitzers zur Besitzweitergabe
   3. Recht zum Besitz durch Einwendungen ggü. Herausgabeanspruch, § 986 II BGB

IV. **Rechtsfolge: Herausgabe an den Eigentümer bzw. an dessen Besitzmittler (§ 986 I 2 BGB)**
   Herausgabe am Belegenheitsort der Sache im Zeitpunkt des Herausgabeverlangens bzw. im Zeitpunkt der Unredlich -/Rechtshängigkeit, Ort des Delikts
   ℗ Abtretbarkeit des § 985 BGB

DIE WICHTIGSTEN PROBLEME – LÖSUNGSANSÄTZE

ⓟ Geldherausgabe als Anspruchsbegehren
Die Herausgabe von Geld nach § 985 BGB ist nur zu prüfen, wenn der Sachverhalt andeutet, dass Erlangtes noch abgrenzbar beim Besitzer vorhanden ist (z.B. seltener 200 Euro-Schein). Eine Geld*wert*vindikation über § 985 BGB wird von der g.h.M. abgelehnt.

ⓟ Dolo agit (§ 242 BGB) i.V.m. Herausgabe- und Verschaffungsanspruch als Recht zum Besitz
Fällige und durchsetzbare Herausgabe- oder Verschaffungsansprüche *(Bsp.: § 433 I 1 BGB)* des Besitzers gegen den Eigentümer im Bezug auf die streitgegenständliche Sache können im Wege des dolo-agit-Einwands (§ 242 BGB) als Recht zum Besitz geltend gemacht werden. Dem liegt der Gedanke zugrunde, dass der Eigentümer vom Besitzer nicht etwas herausverlangen darf, was er dem Besitzer sofort wieder zurückgeben müsste.

ⓟ Anwartschaftsrecht als Recht zum Besitz
H.L: Das Anwartschaftsrecht selbst gibt als wesensgleiches Minus zum Vollrecht Eigentum ein Recht zum Besitz.

BGH: Zwar vermag sich das Anwartschaftsrecht gegenüber dem Vollrecht Eigentum nicht selbst als Recht zum Besitz durchsetzen. Aus dem Eigentumsvorbehaltskauf resultiert allerdings eine dolo-agit-Einrede gegen den Verkäufer gem. § 242 i.V.m. §§ 449 I, 433 I 1 BGB. Denn der Verkäufer soll die Kaufsache vom Käufer nicht herausverlangen dürfen, wenn er sie ihm sogleich wieder zurückgeben müsste. *[Anm.: Daher kein Recht zum Besitz beim Auflassungsanwartschaftsrecht]*

ⓟ Zurückbehaltungsrecht als Recht zum Besitz
Da Zurückbehaltungsrechte *(Bsp.: §§ 273 I, II, 972, § 1000 BGB)* nur zu einer Zug-um-Zug-Verurteilung führt (§ 274 BGB), der Einwand des Rechts zum Besitzes hingegen die Klageabweisung nach sich zieht, stellen Zurückbehaltungsrechte nach h.L. keine Rechte zum Besitz dar, während der BGH bei Zurückbehaltungsrechten ein solches Recht zum Besitz annimmt.

ⓟ Echte berechtigte GoA
Die echte berechtigte GoA ist ein Recht zum Besitz, wenn Inbesitznahme Teil des Geschäfts war. Das Besitzrecht endet mit berechtigtem Herausgabeverlangen des Eigentümers.

ⓟ Sonstige Besitzrechte kraft Gesetzes
- Insolvenzverwalter an Gegenständen aus der Insolvenzmasse, §§ 80, 148 I InsO
- Ehegatte am Vermögen des jeweils anderen, § 1353 BGB
- Eltern am Vermögen ihrer Kinder, § 1626 I 2 BGB
- Testamentsvollstrecker für Nachlassgegenstände, § 2205 S. 2 BGB

ⓟ Abtretbarkeit des § 985 BGB
Der Herausgabeanspruch des § 985 BGB ist an die Eigentümerstellung gekoppelt und daher nicht isoliert abtretbar. Eine Abtretung ist regelmäßig in eine Übereignung (§§ 929 S. 1, 931 BGB) oder Prozessstandschaft umzudeuten, § 140 BGB.

Eigentümer-Besitzer-Verhältnis (EBV)

Differenziere bei Haftung des Besitzers nach Besitzertypen:

Deliktischer Besitzer	Unredlicher Besitzer	Verklagter Besitzer	Redlicher, unverklagter, unentgeltlicher Besitzer	Redlicher, unverklagter, entgeltlicher Besitzer
• §§ 992, 823 ff.	• §§ 987, 990 I • §§ 989, 990 I • §§ 990 II, 280 I, II, 286	• § 987 • § 989	• §§ 988, 812, 818	• §§ 993 I Hs. 1, 812, 818
	• §§ 280 I, III, 281, 985		• § 991 II, 989 (Fremdbesitzerexzess)	

P Entsprechende Anwendung der §§ 987 ff. BGB außerhalb des EBV

PRÜFUNGSSCHEMA

SCHEMA EIGENTÜMER → *DELIKTISCHER* BESITZER, SCHADENSERSATZ, §§ 992, 823 ff. BGB

I. **Anwendbarkeit der §§ 823 ff. BGB neben EBV**
   P Reichweite der Sperrwirkung, § 993 I Hs. 2 BGB

II. **Besitz durch verbotene Eigenmacht (§ 858 BGB) oder Straftat**
   [Anm.: Straftat muss Besitzverschaffung (nicht Besitz) sanktionieren]
   P Verschulden als ungeschriebenes Tatbestandsmerkmal des § 992 BGB

III. **Tatbestand einer unerlaubten Handlung, §§ 823 ff. BGB (RG-Verweis)**
   [Anm.: Haftung auch für Zufall (§ 848 BGB)]
   Rechtsfolge: Schadensersatz, §§ 249 ff. BGB

SCHEMA EIGENTÜMER → *UNREDLICHER* BESITZER AUF SCHADENSERSATZ WG. BESCHÄDIGUNG UND UNMÖGLICHKEIT DER HERAUSGABE, §§ 989, 990 I BGB

I. **EBV im Zeitpunkt des schädigenden Ereignisses**
   P Lehre vom Nicht-*so*-berechtigten-Besitzer
   P Lehre vom Nicht-*mehr*-berechtigten-Besitzer
   P Fremdbesitzer entschließt sich zu Eigenbesitz (§ 872 BGB)

II. **Unredlichkeit des Besitzers (§ 990 I BGB)**
   P Zurechnung der Unredlichkeit, analog § 166 oder § 831 BGB

   1. **Unredlichkeit nach § 990 I 1 BGB**
      • Zeitpunkt: *bei* Besitzerwerb
      • Maßstab: Kenntnis oder grob fahrlässige Unkenntnis, analog § 932 II BGB
      • Bezugspunkt: Fehlendes Recht zum Besitz (bzw. eigene Eigentümerstellung beim Eigenbesitz)

   [Anm.: Bei Anfechtbarkeit des Rechts zum Besitz beachte: § 142 II BGB]

2. Oder Unredlichkeit nach § 990 I 2 BGB
   - Zeitpunkt: *nach* Besitzerwerb
   - Maßstab: Kenntnis
   - Bezugspunkt: Fehlendes Recht zum Besitz (bzw. eigene Eigentümerstellung beim Eigenbesitz)

III. Zerstörung, Beschädigung oder Unmöglichkeit der Herausgabe

IV. Vertretenmüssen (vermutet analog § 280 I 2 BGB), §§ 276, 278 BGB

V. Rechtsfolge: Schadensersatz, §§ 249 ff. BGB

SCHEMA EIGENTÜMER → *UNREDLICHER* BESITZER AUF NUTZUNGSERSATZ, §§ 987 I, II, 990 I BGB

I. EBV im Zeitpunkt der (gebotenen) Nutzungsziehung

II. Unredlichkeit (§ 990 I BGB)

III. Nutzungen, § 100 BGB
   1. Tatsächliche Nutzungsziehung (§ 987 I BGB)
   2. Oder: schuldhaft (vermutet) nicht gezogene Nutzungen (§ 987 II BGB)
      Rechtsfolge: Herausgabe bzw. Ersatz des objektiven Wertes
      ⓟ Anspruchsausschluss gegen den unredlichen, unverklagten Fremdbesitzer bei redlichem, unverklagtem Besitzmittler § 991 I BGB

SCHEMA EIGENTÜMER → *UNREDLICHER* BESITZER SCHADENSERSATZ WG. MÖGLICHER NICHTHERAUSGABE, §§ 985, 280 I, III, 281 I 1 Alt. 1 BGB

I. Schuldverhältnis
   ⓟ § 985 BGB als Schuldverhältnis i.S.d. §§ 280 ff. BGB

II. Unredlichkeit (§ 990 I BGB)

III. Nichtherausgabe trotz fälligen und durchsetzbaren Herausgabeanspruchs

IV. Erfolglose, angemessene Fristsetzung

V. Vertretenmüssen (vermutet), §§ 280 I 2, 276 ff. BGB

VI. Rechtsfolge: Schadensersatz, §§ 249 ff. BGB Zug um Zug gegen Übereignung
   ⓟ Übereignung zur Vermeidung einer Doppelbefriedigung

SCHEMA EIGENTÜMER → *UNREDLICHER* BESITZER AUF SCHADENSERSATZ WG. VERZÖGERUNG, §§ 990 II, 280 I, II, 286 BGB

I. EBV im Zeitpunkt des Verzugs

II. Unredlichkeit (§ 990 I BGB) *[Anm.: Keine Anwendung auf verkl. Besitzer!]*

III. Nichtleistung trotz fälligen, durchsetzbaren Herausgabeanspruchs (§ 985 BGB)

IV. Mahnung oder Entbehrlichkeit, § 286 II, III BGB

V. Vertretenmüssen (vermutet), § 284 IV BGB

VI. Rechtsfolge: Ersatz des Verzögerungsschadens, §§ 249 ff. BGB [Schadensposten, die trotz hinzugedachter späterer Herausgabe bestehen bleiben] und Haftung für Zufallsschaden, § 287 S. 2 BGB.

PRÜFUNGSSCHEMA

SCHEMA EIGENTÜMER → *VERKLAGTER* BESITZER AUF SCHADENSERSATZ WG. BESCHÄDIGUNG UND UNMÖGLICHKEIT DER HERAUSGABE, § 989 BGB

I. EBV im Zeitpunkt des schädigenden Ereignisses
II. Rechtshängigkeit des Herausgabeanspruchs gegen den Besitzer (§§ 261, 253 ZPO)
III. Zerstörung, Beschädigung oder Unmöglichkeit der Herausgabe
IV. Vertretenmüssen (vermutet analog § 280 I 2 BGB), §§ 276, 278 BGB
V. Rechtsfolge: Schadensersatz, §§ 249 ff. BGB

SCHEMA EIGENTÜMER → *VERKLAGTER* BESITZER AUF NUTZUNGSERSATZ, § 987 I, II BGB

I. EBV im Zeitpunkt der (gebotenen) Nutzungsziehung
II. Rechtshängigkeit (§§ 261, 253 ZPO)
III. Nutzungen, § 100 BGB
   1. Tatsächliche Nutzungsziehung (§ 987 I BGB)
   2. Oder: schuldhaft (vermutet) nicht gezogene Nutzungen (§ 987 II BGB)
      Rechtsfolge: Herausgabe bzw. Ersatz des objektiven Wertes

SCHEMA EIGENTÜMER → *VERKLAGTER* BESITZER AUF SCHADENSERSATZ WG. MÖGLICHER NICHTHERAUSGABE, §§ 985, 280 I, III, 281 I 1 ALT. 1 BGB

I. Schuldverhältnis
   ℗ § 985 BGB als Schuldverhältnis i.S.d. §§ 280 ff. BGB
II. Rechtshängigkeit (§§ 261, 253 ZPO)
III. Nichtherausgabe trotz fälligen und durchsetzbaren Herausgabeanspruchs
IV. Erfolglose, angemessene Fristsetzung
V. Vertretenmüssen (vermutet), §§ 280 I 2, 276 ff. BGB
VI. Rechtsfolge: Schadensersatz, §§ 249 ff. BGB Zug um Zug gegen Übereignung
   ℗ Übereignung zur Vermeidung einer Doppelbefriedigung

DIE WICHTIGSTEN PROBLEME – LÖSUNGSANSÄTZE

℗ Entsprechende Anwendung der §§ 987 ff. BGB außerhalb des EBV
Bei verschärfter Haftung (§§ 818 IV, 292, 987 ff. BGB), gegen den früheren Besitzer (§ 1007 III 2 BGB), Pfandgläubiger gegen Besitzer (§ 1227 BGB). Analoge Anwendung: Eigentümer gegen unrechtmäßigen Grundbuchpositionsinhaber, Vormerkungsberechtigten und dinglicher Vorbehaltskäufer gegen unrechtmäßigen Erwerber.

Eigentümer-Besitzer-Verhältnis (EBV)

ⓟ Reichweite der Sperrwirkung, § 993 I Hs. 2 BGB

Grundsatz: Das EBV sperrt nach h.M. grundsätzlich Schadens- und Nutzungsersatzansprüche gegen *jeden* Besitzer (nicht nur gegen redlichen, unverklagten Besitzer). (Erlös-)Herausgabeansprüche bleiben neben EBV anwendbar. Von dieser Sperrwirkung macht § 992 BGB für den Besitzer infolge Straftat oder verbotener Eigenmacht (§ 858 BGB) ausdrücklich eine Ausnahme. § 992 BGB wird dabei einschränkend ausgelegt, sodass nur der *schuldhaft*, deliktische Besitzer nach den §§ 823 ff. BGB haftet.

BEISPIEL: schuldlos deliktischen Besitz kann der Erbe gem. § 857 BGB erlangen.

Ungeschriebene Ausnahmen zu § 993 I Hs. 2		
§ 281 Schadensersatz gegen den unredlichen oder verklagten Besitzer bei *möglicher* Herausgabe (vgl. S. 66)	**§ 826** Höhere Voraussetzungen als EBV. Vorsatz und Sittenwidrigkeit. → Wertungswiderspruch (-)	**§ 812** NutzungsE vom **rechtsgrundlosen**, gutgläubigen Besitzer (analog § 988 BGB oder § 812 I 1 Alt. 1 BGB). Gerade zur Vermeidung von Wertungswidersprüchen.
§ 687 II Höhere Voraussetzungen als EBV. GF muss Kenntnis von Nichtberechtigung haben. → Wertungswiderspruch (-)	**§§ 823 ff.** beim **Fremdbesitzerexzess** im Zwei-Personen-Verhältnis bleiben die §§ 823 ff. BGB anwendbar, um andere Wertungswidersprüche zu vermeiden. **BEISPIEL:** Aufgrund nichtigem MietV haftet Mieter nicht für fahrlässige Beschädigungen der Mietsache	**§§ 951 I 1, 812 I 1 Alt. 2, 818 II** (Verwendungskondiktion) teilw. (+): Wortlaut § 993 I Hs. 2 h.M. (-): fehlende Differenzierung zw. Besitzertypen

ⓟ Verschulden als ungeschriebenes Tatbestandsmerkmal des § 992 BGB

Verschulden des durch verbotenen Eigenmacht erlangten Besitzes wird zwar regelmäßig vorliegen, es ist jedoch (z.B. beim geerbten Besitz, § 857 BGB) denkbar, dass der aktuelle Besitzer ohne eigenes Verschulden in die „deliktische Besitzposition" seines Vorgängers eingetreten ist.

E.A.: Kein Verschulden bzgl. verbotener Eigenmacht notwendig. Verschulden im Rahmen des § 823 BGB genügt. Arg. Wortlaut des § 992 BGB.

H.M.: Um dem Besitzer die Privilegierung des EBV zu entziehen, muss der Besitzer nach Sinn und Zweck des § 992 BGB auch schuldhaft hinsichtlich der Besitzerlangung gehandelt haben.

ⓟ Lehre vom Nicht-*so*-berechtigten-Besitzer

Besitzer überschreitet bestehendes Besitzrecht *(Bsp.: Beschädigung der Mietsache)*. Sein Besitzrecht entfällt damit allerdings nicht, sodass nach g.h.M. auch kein EBV entsteht und die Lehre vom Nicht-so-berechtigten-Besitzer abzulehnen ist.

ⓟ Lehre vom Nicht-*mehr*-berechtigten-Besitzer
Bei Beendigung des Rechts zum Besitz durch Anfechtung liegt wegen der ex-tunc-Wirkung (§ 142 I BGB) auch rückwirkend ein EBV vor. Endet das Besitzrecht ex nunc (*Bsp.: durch Kündigung, Fristablauf, Rücktritt, Widerruf*), liegt erst ab dessen Wegfall ein EBV vor. EBV-Ansprüche finden nach g.h.M. auch *neben* konkurrierenden Ansprüchen aus dem früheren Besitzrecht (*Bsp.: § 346 ff., § 355 ff. BGB*) Anwendung.

ⓟ Fremdbesitzer entschließt sich zu Eigenbesitz (§ 872 BGB)
H.L. kein EBV: Eigenbesitzerwille (subj.) lässt Recht zum Besitz (obj.) nicht entfallen
BGH: EBV liegt vor, da Willenswandel Besitzneubegründung gleichkommt.

ⓟ Zurechnung der Unredlichkeit des Besitzdieners/Besitzmittlers
H.M.: Wenn Besitzdiener/-mittler eigener Entscheidungsspielraum zukommt, wird analog § 166 BGB zugerechnet. Folge: Keine Exkulpation möglich. Wissen des Besitzdieners/-mittlers ohne eigenen Entscheidungsspielraum wird analog § 831 BGB zugerechnet. Folge: Exkulpation möglich.

A.A.: Immer analog § 831 BGB.

Bei minderjährigem B kommt es auf die Unredlichkeit des gesetzl. Vertreters an. Ab Deliktsfähigkeit (§ 828 III BGB) zusätzlich auf die eigene Unredlichkeit. Bei jur. Personen kommt es auf die Unredlichkeit ihrer Organe an (analog § 31 BGB).

ⓟ Anspruchsausschluss gegen den unredlichen Besitzmittler bei redlichem, unverklagtem mittelbaren Besitzer, § 991 I BGB
[Fall: B ist mittelbarer Besitzer (redlich, unverklagt) ohne Recht zum Besitz gegenüber Eigentümer E und hat die Sache an den unmittelbaren Besitzer D (unredlich) vermietet. Nutzungsersatzanspruch E gegen D?]

Lösung: Grundsätzlich würde D dem E auf Nutzungsersatz haften. Um aber den redlichen B vor Gewährleistungsrechten (Haftungsschaden) des D zu schützen, ist auch die Haftung des D gegenüber E, gem. § 991 I BGB ausgeschlossen.

Teilweise wird eine teleologische Reduktion des § 991 I BGB angedacht, wenn ein Regressanspruch des D gegen B ausgeschlossen ist.

Strittig in der Literatur ist auch, ob § 991 I BGB analog auf den redlichen, *verklagten* Fremdbesitzer anzuwenden ist.

Hält D den B für den Eigentümer, kann er mit schuldbefreiender Wirkung an B leisten, § 851 BGB (Folge: E → B, § 816 II BGB).

ⓟ § 985 BGB als Schuldverhältnis i.S.d. § 281 BGB
[„Videogeräte-Fall" (BGH, Urt. v. 18.03.2016 – V ZR 89/15): B betreibt Getränkemärkte und schließt mit der C-GmbH einen Kooperationsvertrag, wonach die C-GmbH in den Getränkemärkten des B Videogerätesysteme aufstellen darf, die in ihrem Eigentum verbleiben sollen. Auf Grundlage dieses Vertrags stellt die C-GmbH 15 Videogerätesysteme in den Getränkemärkten des B auf. Kurz darauf wird der Kooperationsvertrag wirksam gekündigt. Die C-GmbH veräußert die Videogeräte daraufhin an die Klägerin K, die diese von B herausfordert. Da B sich ernsthaft und endgültig weigert, verlangt K nun

von ihr Schadensersatz i.H.v. 7.500 €, denn sie hätte die Videogerätesysteme für jeweils 500 € weiterveräußern können. Zu Recht?]

Lösung: Für einen Schadensersatzanspruch K gegen B nach §§ 989, 990 I BGB fehlt es an einer Verschlechterung der Videogeräte.

Fraglich ist, ob § 985 BGB ein Schuldverhältnis i.S.d. § 281 BGB ist. Teilweise wird dies abgelehnt, da die Anwendung sonst faktisch zur Verwertung und „Zwangskauf" der Sache führe, statt zur vom EBV bezweckten Vereinigung von Eigentum von Besitz. Nach anderer Auffassung findet die Vorschrift uneingeschränkt Anwendung. Die h.M. wendet § 281 BGB nur gegen den unredlichen und/oder verklagten Besitzer an, um die Wertungen des EBV zu berücksichtigen. Eine Nichtleistung trotz fälligen und durchsetzbaren Herausgabeanspruchs aus § 985 BGB und die Entbehrlichkeit der Mahnung (§ 281 II Var. 1 BGB) sind gegeben. Das vermutete Vertretenmüssen kann nicht widerlegt werden und der entgangene Gewinn ist kausaler und ersatzfähiger Schaden (§ 252 BGB). Das Schadensersatzverlangen hat K gegenüber B geäußert (§ 281 IV BGB), sodass B 7.500 € Zug um Zug gegen Übereignung (§ 929 S. 2 BGB) der Videogeräte zu zahlen hat (analog §§ 281 IV, V, 255 BGB). Schließlich hat K gegen B einen Anspruch aus §§ 990 II, 280 I, II, 286 BGB in Höhe des entgangenen Gewinns (sog. Vorenthaltungsschaden).

Ⓟ Übereignung zur Vermeidung einer Doppelbefriedigung

Schadensersatz wird statt der Herausgabe aus § 985 BGB gewährt. Damit das (durch Nichtleistung aufschiebend bedingte) Schadensersatzverlangen zum Erlöschen des Herausgabeanspruchs führt (vgl. § 281 IV BGB), hat der Besitzer (analog § 255 BGB) Herausgabe nur Zug um Zug gegen Übereignung nach § 929 S. 2 BGB zu leisten (vgl. §§ 281 V, 348 BGB).

PRÜFUNGSSCHEMA

SCHEMA EIGENTÜMER → *REDLICHER, UNVERKLAGTER FREMD*BESITZER, SCHADENSERSATZ, §§ 991 II, 989 BGB

[Fremdbesitzerexzess im Drei-Personen-Verhältnis]

I. **EBV zum Fremdbesitzer im Zeitpunkt des schädigenden Ereignisses**
  [Anm: Insbes. kein abgeleitetes Recht zum Besitz, § 986 I 1 Alt. 2 BGB]

II. **Keine Unredlichkeit (§ 990 I BGB) oder Rechtshängigkeit (§§ 261, 253 ZPO)**

III. **Anspruchsgegner (≙ Fremdbesitzer) besitzt für Dritten**

  Ⓟ § 991 II BGB analog bei unwirksamem Besitzkonstitut anwendbar

IV. **Schadensersatzpflicht des Fremdbesitzers ggü. Dritten**
  [Anm.: Deliktische Schadensersatzpflicht genügt. Haftungsausschlüsse gelten auch ggü. Eigentümer (≙ Anspruchssteller)]

V. **Verschlechterung, Zerstörung oder Unmöglichkeit der Herausgabe**

VI. **Verschulden**

  Ⓟ Haftung auch für Zufallsschaden?

VII. **Rechtsfolge: Schadensersatz, §§ 249 ff. BGB**

SCHEMA EIGENTÜMER → *REDLICHER, UNVERKLAGTER, UNENTGELTLICHER* BESITZER, NUTZUNGSERSATZ, §§ 988, 812, 818 BGB

I. **EBV im Zeitpunkt der Nutzungsziehung**

II. **Keine Unredlichkeit (§ 990 I BGB) oder Rechtshängigkeit (§§ 261, 253 ZPO)**

III. **Besitz aufgrund unentgeltlichen Kausalgeschäfts mit Dritten erlangt**
  BEISPIEL: Leihe; Schenkung

  Ⓟ Analoge Anwendung auf Besitzer ohne Rechtsgrund

IV. **Rechtsfolge: Herausgabe, soweit noch bereichert, § 818 III BGB**
  [Anm.: Rechtsfolgenverweis]

SCHEMA EIGENTÜMER → *REDLICHER, UNVERKLAGTER, ENTGELTLICHER* BESITZER *MIT RECHTSGRUND*, NUTZUNGSERSATZ, §§ 993 I Hs. 1, 812, 818 BGB

1. **EBV im Zeitpunkt der Nutzungsziehung**

2. **Keine Unredlichkeit, (§ 990 I BGB) oder Rechtshängigkeit (§§ 261, 253 ZPO); Besitz entgeltlich und mit Rechtsgrund (ggü. Dritten – sonst kein EBV) erlangt**

3. **Übermaßfruchtziehung**

   DEFINITION
   Früchte, die über das Maß einer ordnungsgemäßen Wirtschaft hinausgehen
   BEISPIEL: Kahlschlag eines Walds ohne Aufforstung

4. **Rechtsfolge: Herausgabe, soweit noch bereichert, § 818 III BGB**
   [Anm.: Rechtsfolgenverweis]

DIE WICHTIGSTEN PROBLEME - LÖSUNGSANSÄTZE

ⓟ § 991 II BGB analog bei unwirksamem Besitzkonstitut
Bei unwirksamem Besitzmittlungsverhältnis zwischen Fremdbesitzer und vermeintlichem „mittelbarem Besitzer" findet § 991 II BGB erst recht (a fortiori) analog Anwendung.

ⓟ Haftung auch für Zufallsschaden
E.A. (+): Fremdbesitzer haftet so, wie er dem mittelbaren Besitzer gegenüber haftet.

A.A. (-): Verschulden ist auch dann erforderlich, wenn Fremdbesitzer dem mittelbaren Besitzer verschuldensunabhängig haftet. Arg.: Keine Schlechterstellung als unredlicher Besitzer. § 991 II BGB verweist insofern auf § 989 BGB.

ⓟ Analoge Anwendung auf Besitzer ohne Rechtsgrund
(vgl. Übersicht „Ungeschriebene Ausnahmen zu § 993 I Hs. 2 BGB" S. 65)

2. Teil: Ansprüche des Besitzers gegen den Eigentümer

Differenziere bei Rechten des Besitzers nach Besitzertypen:

Redl., unverkl. Besitzer			Unredl./verkl. Besitzer			Deliktischer Besitzer		
Klage § 1001	Einrede § 1000	WegnahmeR, § 997	Klage § 1001	Einrede § 1000	WegnahmeR, § 997	Klage §§ 850, 1001 i.V.m. § 994 II	Einrede § 1000 bei Vorsatz: (-) bei FLK: i.V.m. § 994 II	WegnahmeR, § 997
i.V.m. § 994 I i.V.m. § 996			i.V.m. § 994 II [kein § 996]					

PRÜFUNGSSCHEMA

SCHEMA *REDLICHER, UNVERKLAGTER* BESITZER → EIGENTÜMER, ERSATZ *NOTWENDIGER* VERWENDUNGEN, § 994 I BGB

 Ausschluss der §§ 994 ff. BGB bei vertraglichen Verwendungsersatzansprüchen des Besitzers gegen Dritte?

  I. EBV bei Verwendungsvornahme

   Genügt EBV erst bei Herausgabeverlangen?

  II. **Redlicher und unverklagter Besitzer**

  III. **Verwendung**

> **DEFINITION**
> Freiwillige Vermögensopfer, die der Sache zugute kommen sollen.

  IV. **Notwendige Verwendung**

> **DEFINITION**
> Notwendig sind Verwendungen, die zur Erhaltung oder ordnungsgemäßen Bewirtschaftung der Sache erforderlich waren und nicht nur Sonderzwecken des Besitzers dienten (obj. ex-ante-Betrachtung).

  V. **Keine Präklusion:** 1 Monat (bzw. 6 Monate bei Grundstücken) nach Herausgabe, § 1002 BGB

  VI. **Rechtsfolge:**
  - ZBR, wenn Besitz nicht durch unerlaubte Handlung erlangt, § 1000 BGB
  - oder Anspruch nach Zurückgabe oder Genehmigung, § 1001 BGB
    - beim gutgläubigen, unverklagten, entgeltlichen Besitzer mit Rechtsgrund abzüglich gewöhnlicher Erhaltungskosten, da er auch Nutzungen behalten darf

- keine Besserstellung des gutgläubigen Fremdbesitzers als nach Inhalt seines vermeintlichen Besitzrechts (ggf. Anspruchskürzung).
- oder Wegnahmerecht i.V.m. § 997 BGB

SCHEMA *UNREDLICHER/VERKLAGTER* BESITZER → EIGENTÜMER, ERSATZ *NOTWENDIGER* VERWENDUNGEN, § 994 II BGB

I. EBV bei Verwendungsvornahme
   ❓ Genügt ausnahmsweise EBV bei Herausgabeverlangen?
II. Verklagter und/oder unredlicher Besitzer bei Verwendungsvornahme
III. Verwendung
IV. Notwendige Verwendung
V. Voraussetzungen der GoA
   [Anm.: Partieller Rechtsgrundverweis (Kein Fremdgeschäftsführungswille erforderlich)]

   - Echte berechtigte GoA,
     §§ 683 S. 1, 670 BGB
     1. Im Interesse und mit mutmaßlichem Willen des Eigentümers
     2. Aufwendungen, die Besitzer für erforderlich halten durfte
   - Oder: echte unberechtigte GoA,
     §§ 684 S. 1, 812 ff. BGB

     [Anm.: Rechtsfolgenverweis]
     1. Nicht im Interesse und/oder mit Willen des Eigentümers
     2. Aufwendungen, soweit Eigentümer durch sie noch bereichert

VI. Keine Präklusion: 1 Monat (bzw. 6 Monate bei Grundstücken) nach Herausgabe, § 1002 BGB
VII. Rechtsfolge:
   - ZBR, wenn Besitz nicht durch unerlaubte Handlung erlangt, § 1000 BGB
   - oder Anspruch nach Zurückgabe oder Genehmigung, § 1001 BGB
     - keine Besserstellung des gutgläubigen Fremdbesitzers als nach Inhalt seines vermeintlichen Besitzrechts (ggf. Anspruchskürzung).
   - oder Wegnahmerecht, § 997 BGB

PRÜFUNGSSCHEMA

SCHEMA *REDLICHER, UNVERKLAGTER* BESITZER → EIGENTÜMER, ERSATZ *NÜTZLICHER* VERWENDUNGEN, § 996 BGB

P Ersatz nützlicher Verwendungen für unredlichen/verklagten Besitzer nach § 951 I 1 BGB?

I. EBV bei Verwendungsvornahme

P Genügt ausnahmsweise EBV bei Herausgabeverlangen?

II. Redlicher und unverklagter Besitzer

III. Verwendung

> **DEFINITION**
> freiwillige Vermögensopfer, die der Sache zugutekommen.

P Umgestaltungsaufwendungen als Verwendung?

IV. Nützliche Verwendung

> **DEFINITION**
> Verwendungen, die nicht notwendig sind und objektiv (und str.: subjektiv für E) im Zeitpunkt der Herausgabe noch werterhöhend sind.

P Müssen nützliche Verwendungen für Eigentümer auch *subjektiv* werterhöhend sein?

P Maßgeblicher Zeitpunkt für Beurteilung der Werterhöhung

V. Keine Präklusion: 1 Monat (bzw. 6 Monate bei Grundstücken) nach Herausgabe, § 1002 BGB

VI. Rechtsfolge:

- ZBR, wenn Besitz nicht durch unerlaubte Handlung erlangt, § 1000 BGB
- oder Anspruch nach Zurückgabe oder Genehmigung, § 1001 BGB
  - beim gutgläubigen, unverklagten, entgeltlichen Besitzer mit Rechtsgrund abzüglich gewöhnlicher Erhaltungskosten, da er Nutzungen behalten darf (§ 993 I BGB).
  - keine Besserstellung des gutgläubigen Fremdbesitzers als nach Inhalt seines vermeintlichen Besitzrechts (ggf. Anspruchskürzung).
- oder Wegnahmerecht, § 997 BGB

DIE WICHTIGSTEN PROBLEME – LÖSUNGSANSÄTZE

P Ausschluss der §§ 994 ff. BGB bei vertraglichen Verwendungsersatzansprüchen des Besitzers gegen Dritte?

Hat ein Besitzer ohne Besitzrecht vertragliche Ansprüche hinsichtlich Verwendungsersatz gegen einen Dritten, stellt sich die Frage, ob ihm daneben Verwendungsersatzansprüche nach den §§ 994 ff. BGB zugutekommen sollen.

[Fall: Der geschäftsunfähige Eigentümer E veräußert einen Pkw an Käufer K, der den Pkw an Mieter M vermietet. M nimmt unaufschiebbare Reparaturen am Pkw vor. Kann M die Reparaturkosten auch von E verlangen?]

M.M.: Verwendungsersatzansprüche sind gesperrt, wenn der Besitzer ohne Besitzrecht gegen einen Dritten (K) vertragliche, inhaltsgleiche Ansprüche hat (§ 536a II BGB). Denn der unrechtmäßige Besitzer soll nicht besser stehen als der rechtmäßige Besitzer.

H.M.: Verwendungsansprüche (§§ 994 ff. BGB) sind möglich. Die Relativität der Schuldverhältnisse verbietet es, dass vertragliche Beziehungen zu Dritten das sachenrechtliche Verhältnis zwischen Besitzer und Eigentümer berühren. Dies ist auch nicht unbillig, denn im Vergleich zum berechtigten Besitzer, muss der unberechtigte M die Sache auch an E Herausgeben (§ 985 BGB), ohne sich gegenüber E auf seine vertraglichen Recht berufen zu können.

P Genügt EBV erst bei Herausgabeverlangen?

Grundsätzlich ist der maßgebliche Zeitpunkt für das Bestehen des EBV die Verwendungsvornahme. BGH: Ausnahmsweise kann erst auf den Zeitpunkt des Herausgabeverlangens abgestellt werden, wenn das Recht zum Besitz, das im Zeitpunkt der Verwendungsvornahme noch bestand, Verwendungsersatzansprüche des Besitzers nicht abschließend regelt. Anderenfalls stünde der berechtigte Besitzer schlechter als der Besitzer ohne Besitzrecht. *[Vgl. „Kleinbus-Fall" (BGH, Urt. v. 21.12.1960 - VIII ZR 89/59) – S. 32].*

Lit.: Eine lückenausfüllende Anwendung des EBV ist in diesen Fällen abzulehnen. Fehlt es an einem EBV zum maßgeblichen Zeitpunkt sind stattdessen die §§ 677 ff., §§ 812 ff. BGB heranzuziehen.

P Umgestaltungsaufwendungen als Verwendung?

Str. ist, ob auch Aufwendungen für eine *grundlegende,* also den Sachcharakter ändernde, Umgestaltung unter den Verwendungsbegriff fallen.

Im *Mobiliarsachenrecht* stellt sich die Frage nicht, weil dort Umgestaltungen regelmäßig einen gesetzlichen Eigentumserwerb des Besitzers (§§ 947 – 950 BGB) auslösen. Infolge des Erwerbs fällt entweder das EBV weg oder, im Fall des Miteigentumserwerbs nach § 947 II BGB, ist das Recht der Bruchteilsgemeinschaft (§§ 741 ff. BGB) vorrangig anzuwenden.

Im *Immobiliarsachenrecht* wird das Problem dagegen wie folgt behandelt:

[Fall: Der Mieter (M) eines unbebauten Grundstücks errichtet auf ihm ein Hochhaus. Als sich, für alle überraschend, der Mietvertrag als nichtig herausstellt, verlangt M vom Vermieter (V) Ersatz der Baukosten nach §§ 994 ff. BGB. Zu Recht?]

Lösung:
BGH (enger Verwendungsbegriff): Verwendungen dürfen nicht sachändernd sein. Dies ergebe sich aus der vom Gesetz getroffenen begrifflichen Unterscheidung zwischen „Verwendung" und „Umbildung" i.S.d. § 950 BGB (Wortlaut, Systematik). Außerdem sei im Falle einer Verwendungsersatzpflicht für Umgestaltungsaufwendungen die wirtschaftliche Dispositionsfreiheit des Eigentümers gefährdet (Sinn und Zweck).

Wegen des abschließenden Charakters des EBV seien auch sonstige Ansprüche des Besitzers wegen sachändernden Aufwendungen (§§ 951 I 1, 812 I 1 Alt. 2 BGB) mit Ausnahme der Zweckverfehlungskondiktion (§ 812 I 2 Alt. 2 BGB) ausgeschlossen. Selbst dem redlichen Besitzer bliebe dann lediglich sein Wegnahmerecht aus § 997 BGB. Sollte auch das Wegnahmerecht bspw. aufgrund öffentlich-rechtlicher Vorschriften ausgeschlossen sein, stehe dem Besitzer ein Aufopferungsanspruch aus § 242 BGB zu.

H.L. (weiter Verwendungsbegriff): auch sachändernde Umgestaltungen seien vom Verwendungsbegriff umfasst. Da es sich um nützliche Verwendungen handeln könnte, kommt es aber auf die die Voraussetzungen von § 996 BGB an (vgl. Folge-**P** zur Frage, ob nützliche Verwendungen für den Eigentümer auch subjektiv werterhöhend sein müssen.)

P Müssen nützliche Verwendungen für Eigentümer auch *subjektiv* werterhöhend sein?
Umstritten ist, ob es auf eine objektive Werterhöhung oder auf den Nutzen für den Eigentümer ankommt.

> **BEISPIEL:** Baut der Besitzer einen Pkw mit hohen Kosten zu einer Stretch-Limousine um, stellt sich der Frage, ob der Eigentümer die damit einhergehende objektive Wertsteigerung auch dann begleichen muss, wenn er persönlich keinerlei Verwendung für eine solche Limousine hat.

H.M.: Eigentümer soll höheren Marktwert zumindest so lange nicht zu ersetzen brauchen, wie er ihn nicht für sich ausnutzt (vgl. Grundsätze der aufgedrängten Bereicherung, S. 106).

A.A.: Der Gesetzeswortlaut sieht eine solche Einschränkung nicht vor. Zu ersetzen ist die objektive Werterhöhung, unabhängig vom subjektiven Nutzen für den Eigentümer. Innerhalb dieser Ansicht wird teilw. vertreten, der Eigentümer könne dem Verwendungsersatzanspruch die Einrede nach §§ 1004, 273 BGB entgegenhalten („Deine Verwendung stört mein Eigentum!"). In dem Fall verbliebe dem Besitzer wiederum nur sein Wegnahmerecht nach § 997 BGB.

P Maßgeblicher Zeitpunkt für Beurteilung der Werterhöhung
Neben dem Normalfall, dass es für die Beurteilung der Werterhöhung auf den Zeitpunkt der Wiedererlangung der Sache durch den Eigentümer ankommt, kann auch schon der Zeitpunkt der Genehmigung der Verwendungsvornahme durch den Eigentümer oder der Annahmeverzug des Eigentümers (analog § 300 I, II BGB) maßgeblich sein.

P Ersatz nützlicher Verwendungen für unredlichen/verklagten Besitzer nach § 951 I 1 BGB?
Ob der unredliche und/oder verklagte B Ersatz für nützliche Verwendungen nach §§ 951 I 1, 812 I 1 Alt. 2 BGB verlangen kann oder ob die §§ 994 ff. BGB den Anspruch sperren, ist umstritten (vgl. Übersicht S. 65). Gegen die Sperrwirkung (Lit.) spricht zwar, dass § 993 I Hs. 2 BGB Verwendungsersatzansprüche gerade nicht erwähnt. Für eine Sperrwirkung (BGH) spricht allerdings,

dass § 951 BGB im Vergleich zu den §§ 994 ff. BGB nicht hinreichend nach der Bewusstseinslage des Besitzers differenziert, sodass ein Wertungswiderspruch droht. Der BGH geht dabei selbst dann von einer Sperrwirkung aus, wenn es sich um Umgestaltungsaufwendungen handelt, die nicht dem vom BGH vertretenen engen Verwendungsbegriff unterfallen (vgl. S. 74).

DINGLICHE HERAUSGABE-, UNTERLASSUNGS- UND BESEITIGUNGS-, ENTSCHÄDIGUNGSANSPRÜCHE

PRÜFUNGSSCHEMA

SCHEMA HERAUSGABEANSPRUCH DES EIGENTÜMERS, § 985 BGB
(Vgl. Schema S. 60)

SCHEMA PETITORISCHER HERAUSGABEANSPRUCH, § 1007 I BGB

I. Anspruchssteller: früherer Besitzer beweglicher Sache
   [Anm.: (un-)mittelbarer, Teil- oder Mitbesitz. Nicht: Besitzdienerschaft]

II. Anspruchsgegner: aktueller Besitzer der Sache

III. Unredlichkeit des Anspruchsgegners
   Zeitpunkt: bei Besitzerwerb
   Maßstab: Kenntnis oder gr. fl. Unkenntnis, analog § 932 II BGB
   Bezugspunkt: fehlendes Recht zum Besitz ggü. Anspruchssteller

IV. Kein Ausschluss
   1. Recht zum Besitz des Anspruchsstellers ggü. Anspruchssteller oder Eigentümer bzw. Gutgläubigkeit diesbezüglich bei eigenem Besitzerwerb, § 1007 III 1 Alt. 1 BGB
   2. Keine Besitzaufgabe, §§ 1007 III 1 Alt. 2, 856 I Alt. 2 BGB
   3. Kein Recht zum Besitz, § 1007 III 2 i.V.m. §§ 986 – 1003 BGB

SCHEMA PETITORISCHER HERAUSGABEANSPRUCH, § 1007 II BGB

I. Anspruchssteller: früherer Besitzer beweglicher Sache
   [Anm.: (un-)mittelbarer, Teil- oder Mitbesitz. Nicht: Besitzdienerschaft]

II. Anspruchsgegner: aktueller Besitzer der Sache

III. Abhandenkommen beim Anspruchssteller

IV. Kein Ausschluss
   1. Nicht gegen den Eigentümer, § 1007 II 1 Hs. 2 Alt. 1 BGB
   2. Kein vorheriges Abhandenkommen bei Anspruchsgegner, § 1007 II 1 Hs. 2 Alt. 2 BGB
   3. Kein Geld oder Inhaberpapiere, § 1007 II 2 BGB
   4. Recht zum Besitz des Anspruchsstellers ggü. Anspruchssteller oder Eigentümer bzw. Gutgläubigkeit diesbezüglich bei eigenem Besitzerwerb, § 1007 III 1 Alt. 1 BGB
   5. Keine Besitzaufgabe, §§ 1007 III 1 Alt. 2, 856 I Alt. 2 BGB
   6. Kein sonstiges Recht zum Besitz, § 1007 III 2 i.V.m. §§ 986 – 1003 BGB

SCHEMA POSSESSORISCHER HERAUSGABEANSPRUCH, § 861 BGB

I. Anspruchssteller: früherer Besitzer (ggf. mittelbarer Besitzer, § 869 S. 1 BGB)

II. Anspruchsgegner: aktueller Besitzer

III. Verbotene Eigenmacht beim Anspruchssteller, § 858 I BGB

IV. Fehlerhafter Besitz beim Anspruchsgegner, § 858 II BGB
- Anspruchsgegner hat selbst verbotene Eigenmacht verübt (§ 858 II 1) oder
- hat fehlerhaften Vorbesitz geerbt (§§ 858 II 1 Alt. 1, 857) oder
- hatte bei Besitzerwerb Kenntnis von Fehlerhaftigkeit des Vorbesitzes (§ 858 II 2 Alt. 2)

V. Kein Ausschluss, § 861 II und § 864 BGB
[Anm.: Sonstige Einwendungen sind ausgeschlossen, § 863 BGB]

Rechtsfolge: Herausgabe. Ist der mittelbare Besitzer (§ 868 BGB) Anspruchssteller (§ 869 S. 1 BGB), kann er Herausgabe zunächst nur an den bisherigen unmittelbaren Besitzer verlangen. Ist dieser zu Inbesitznahme nicht bereit, kann der mittelbare Besitzer auch Herausgabe an sich selbst verlangen, § 869 S. 2 Hs. 2 BGB.

SCHEMA POSSESSORISCHER BESEITIGUNGS- UND UNTERLASSUNGSANSPRUCH, § 862 BGB

I. Anspruchssteller: aktueller Besitzer (ggf. mittelbarer Besitzer, § 869 S. 1 BGB)
II. Besitzstörung (kein Entzug) durch verbotene Eigenmacht, § 858 I BGB
III. Anspruchsgegner: Störer
IV. Wiederholungsgefahr (nur bei Unterlassungsanspruch, § 862 I 2 BGB)

SCHEMA NEGATORISCHER ABWEHRANSPRUCH, § 1004 I BGB

I. Anspruchssteller: Eigentümer
II. Eigentumsbeeinträchtigung i.S.d. § 1004 BGB
[Anm.: Der Anspruch ist subsidiär zu § 894 BGB]
III. Anspruchsgegner: Störer

> **DEFINITION**
> Wer die Störung durch eigenes oder veranlasstes Verhalten Dritter adäquat verursacht [(mittelbarer) Handlungsstörer] oder Sachherrschaft über die störende Sache innehat und die Beeinträchtigung zumindest mittelbar wollte (Zustandsstörer).

IV. Rechtswidrigkeit und keine Duldungspflicht d. Eigentümers, § 1004 II BGB
  P Einzelne Duldungspflichten

Rechtsfolge: Beseitigung der Störung (§ 1004 I 1 BGB)
Unterlassung andauernder oder zukünftiger Störung (§ 1004 I 2 BGB)

SCHEMA QUASI-NEGATORISCHER ABWEHRANSPRUCH, § 1004 I BGB analog

I. Anspruchssteller: Inhaber eines *anderen absoluten Rechts* (vgl. § 823 BGB)
II. Beeinträchtigung des absoluten Rechts
III. Anspruchsgegner Störer
  Definition s.o.
IV. Rechtswidrigkeit und keine Duldungspflicht d. Rechtsinhabers, § 1004 II BGB
  P Einzelne Duldungspflichten

Rechtsfolge: Beseitigung der Störung (§ 1004 I 1 BGB)
Unterlassung andauernder oder zukünftiger Störung (§ 1004 I 2 BGB)

PRÜFUNGSSCHEMA

SCHEMA NACHBARRECHTLICHER ENTSCHÄDIGUNGSANSPRUCH, § 906 II 2 BGB

I. **Anspruchssteller: Grundstückseigentümer oder -berechtigter**
   BEISPIEL: Mieter

II. **Anspruchsgegner: Benutzer des störenden anderen Grundstücks**

   DEFINITION
   Wer Nutzungsart bestimmt und daraus unmittelbar begünstigt wird.

III. **Duldung einer Einwirkung (vgl. § 906 II 1 BGB)**
   1. **Unkörperliche oder leicht körperliche Einwirkung (§ 906 I 1 BGB)**
      ℗ Ideelle/sittliche/ästhetische und negative Immission
   2. **Durch ortsübliche Benutzung (sonst: § 1004 I BGB)**
   3. **Keine wirtschaftliche zumutbare Verhinderungsmöglichkeit (sonst: § 1004 I BGB)**
   4. **Wesentlichkeit (Maßstab: objektiver Dritter; Indiz: Grenz-/Richtwerte)**

IV. **Unzumutbarkeit der Immission**
   Rechtsfolge: Angemessene Entschädigung in Geld

SCHEMA NACHBARRECHTLICHER ENTSCHÄDIGUNGSANSPRUCH § 906 II 2 BGB analog
℗ Begründung der Analogie zu § 906 II 2 BGB und Subsidiarität des Anspruchs

I. **Anspruchssteller: Grundstückseigentümer oder -berechtigter**
   BEISPIEL: Mieter

II. **Anspruchsgegner: Benutzer des störenden, anderen Grundstücks**
   Definition s.o.

III. **Keine Duldungspflicht einer Einwirkung (vgl. § 906 II 1 BGB), weil**
   Grobimmissionen (Bsp.: Steinschlag, Fußbälle, Silvesterraketen) oder keine ortsübliche Benutzung oder wirtschaftlich zumutbare Verhinderungsmöglichkeit, aber Wesentlichkeit der Einwirkung.

IV. **Unzumutbarkeit der Immission**

V. **Kein (rechtzeitiger) Schutz aus § 1004 I BGB oder § 862 BGB möglich**
   ℗ Faktischer Duldungszwang
   [Anm.: Aber keine Subsidiarität, wenn daneben Anspruch aus § 823 I BGB.]
   Rechtsfolge: Angemessene Entschädigung in Geld

℗ **Einzelne Duldungspflichten**

Duldungspflichten können sich neben allg. Rechtfertigungsgründen wie § 227 BGB (Notwehr), §§ 229, 904 BGB (Notstand), §§ 859, 910 BGB (Selbsthilfe), § 193 StGB (Wahrnehmung berechtigter Interessen) aus schuldrechtlichem Vertrag, Grunddienstbarkeit (§ 1018 BGB), beschränkt persönlicher Dienstbarkeit (§ 1090 BGB) oder Nießbrauch (§ 1030 BGB) und Öffentlichem Recht (Bsp.: § 14 BImSchG) ergeben. Bei unwesentlichen (§ 906 I 1 BGB) und sogar wesentlichen, ortsüblichen, unvermeidbaren Beeinträchtigungen (§ 906 II 1 BGB) vom Nachbargrundstück bestehen Duldungspflichten, wobei im letzteren Fall ein Entschädigungsanspruch in Betracht § 906 II 2 BGB kommt. Genauso im Falle des Schweigens nach gutgläubigem Überbau des Nachbarn i.S.d. § 912 BGB. Duldungspflichten können auch von einem berechtigten Dritten abgeleitet werden (analog § 986 I 1 Alt. 2 BGB). Schließlich kann sich eine Duldungspflicht auch aus § 242 BGB bei Nichtbenutzung des beeinträchtigten Grundstücks wegen des nachbarrechtlichen Gemeinschaftsverhältnisses ergeben (Dieses ist kein Schuldverhältnis i.S.d. § 280 I BGB).

Ⓟ Ideelle/sittliche/ästhetische und negative Immission
Die Rspr. Lehnt eine Anwendung des § 906 II 2 BGB auf ideelle/sittliche/ästhetische Immission ab.

BEISPIEL: Bordell im Nachbarhaus

Ebenso lehnt die Rspr. eine Anwendung der Vorschrift auf negative Immission ab.

BEISPIEL: Neubau auf der anderen Straßenseite wirft (Funk-)schatten

Ⓟ Begründung der Analogie zu § 906 II 2 BGB und Subsidiarität des Anspruchs
Die planwidrige Regelungslücke ergibt sich daraus, dass § 906 II 2 BGB zwar Entschädigung bei ortsüblichen (und damit zu duldenden) Beeinträchtigung regelt. Regelmäßig gravierendere ortsunübliche (und damit nicht zu duldende Einwirkungen) aber entschädigungslos bleiben. Diese Gesetzeslücke besteht nach Ansicht des BGH auch neben dem Deliktsrecht und ohne, dass das Verschuldenserfordernis der §§ 823 ff. BGB droht, unterlaufen zu werden. § 906 II 2 BGB analog ist nur subsidiär anzuwenden, aber eine Gesetzeslücke ist noch nicht reflexartig dann abzulehnen, wenn ein anderer Haftungstatbestand eingreift. Das soll umso mehr gelten, wenn der ebenfalls einschlägige Haftungstatbestand sich nur gegen einen Dritten richtet.

Die Interessenlage ist vergleichbar: Wenn sogar Duldungspflichtige bei ortsüblichen Benutzung Entschädigung bekommt, dann erst recht derjenige, der unter ortsunüblicher Benutzung leidet, die er nicht einmal dulden muss.

Ⓟ Faktischer Duldungszwang
Bei Einwirkungen, die sich typischerweise kurzfristig erledigen, kommt die Durchsetzung etwaiger Abwehransprüche aus § 1004 I BGB und § 862 BGB häufig zu spät. In solchen Fällen ist § 906 II 2 BGB analog trotz Bestehen dieser Abwehransprüche anwendbar (faktischer Duldungszwang).

Typische Klausurkonstellation ist, dass jemand (A), der sich für berechtigt hält, eine Sache an einen anderen (B) veräußert. Diese gehört jedoch einem Dritten (D), ohne dass eine Vertragsbeziehung zwischen A und dem D besteht. Gefragt wird dann vorrangig nach Herausgabeansprüchen des D gegen den B. Ersatzweise Schadensersatz- und Erlösherausgabeansprüche des D gegen den A.

Wichtige *Herausgabe*ansprüche:
- §§ 687 II, 684 S. 1, 667 BGB (-) *[Anm.: Irrtümliche GoA oder keine Kenntnis von fehlender Berechtigung]*
- § 985 BGB (-) *[Anm.: B hat gutgläubig Eigentum erworben]*
- § 1007 I BGB (-) *[Anm.: B ist gutgläubig und § 1007 BGB geht nie gegen den Eigentümer]*
- § 1007 II BGB (-) *[Anm.: Kein Abhandenkommen und § 1007 BGB nie gegen den Eigentümer]*
- § 861 BGB (-) *[Anm.: Kein fehlerhafter Besitz bei B]*
- § 823 I i.V.m. § 249 I BGB (-) *[Anm.: Kein Verschulden des gutgläubigen B]*
- § 812 I 1 Alt. 1 BGB (-) *[Anm.: Keine Leistungsbeziehung zwischen D und B]*
- § 812 I 1 Alt. 2 BGB (-) *[Anm.: Vorrangige Leistungsbeziehung A an B]*

Wichtige *Schadensersatz*ansprüche:
- §§ 687 II, 678 BGB (-) *[Anm.: Irrtümliche GoA oder keine Kenntnis von fehlender Berechtigung]*
- §§ 989, (990 I) BGB (-) *[Anm.: A ist weder unredlicher noch verklagter Besitzer]*
- § 823 I BGB (-) *[Anm.: Verschulden des A]*

Wichtige *Erlös*herausgabeansprüche:
- §§ 285, 985 BGB (-) *[Anm.: Vindikationslage ist kein Schuldverhältnis i.S.d. § 285 BGB (h.M.)]*
- §§ 687 II, 684 S. 1, 667 BGB (-) *[Anm.: Irrtümliche GoA oder keine Kenntnis von fehlender Berechtigung]*
- § 816 I 1 BGB (+)

© Jura Intensiv Verlags UG & Co. KG

DELIKTSRECHT

Das Deliktsrecht komplettiert mit der Rechtswidrigkeitshaftung, wegen unerlaubten Verhaltens und der Gefährdungshaftung, wegen Unterhaltens einer erlaubten Gefahr, das Haftungssystem des Zivilrechts, welches daneben noch die Pflichtwidrigkeitshaftung (§ 241 BGB) aus Schuldverhältnissen und die Garantiehaftung kennt.

1. Teil: Rechtswidrigkeitshaftung

PRÜFUNGSSCHEMA

GRUNDSCHEMA SCHADENSERSATZ NACH § 823 I BGB

I. Haftungsbegründender Tatbestand
  1. Rechtsverletzung
  2. Verletzungsverhalten
  3. Haftungsbegründende Kausalität zwischen I.2. und I.1.
     a) Äquivalente Kausalität
     b) Adäquate Kausalität
  4. Rechtswidrigkeit (grdsl. indiziert)
  5. Verschulden

II. Haftungsausfüllender Tatbestand
  1. Ersatzfähiger Schaden, §§ 249 ff. BGB
  2. Haftungsausfüllende Kausalität zwischen I.1. und II.1.

SCHEMA MIT PROBLEMÜBERSICHT SCHADENSERSATZ NACH § 823 I BGB

I. Haftungsbegründender Tatbestand
  1. Rechtsverletzung
     ⓟ Lehre vom weiterfressenden Mangel
     ⓟ Eigentumsverletzung in Form von Nutzungsbeeinträchtigung
     ⓟ Allgemeines Persönlichkeitsrecht
     ⓟ Recht am eingerichteten und ausgeübten Gewerbebetrieb
  2. Verletzungsverhalten
  3. Haftungsbegründende Kausalität zwischen II. und I.
     ⓟ Zurechenbarkeit bei mittelbarem Verletzungsverhalten oder Unterlassen
     ⓟ Zurechnung bei Herausforderer-/Verfolgerfällen
     ⓟ Mitursächlichkeit und ungewisse Verursacherbeiträge, § 830 BGB
     a) Äquivalente Kausalität
     b) Adäquate Kausalität

4. **Rechtswidrigkeit (grdsl. indiziert)**
   - Ⓟ Lehre vom Erfolgsunrecht versus Lehre vom Handlungsunrecht
   - Ⓟ Einzelne Rechtfertigungsgründe
5. **Verschulden bzgl. Verursachung der Rechtsgutverletzung**
   - Ⓟ Vermutetes Verschulden bei der Produzentenhaftung
   - Ⓟ Auswirkungen vertraglicher und gesetzlicher Haftungsprivilegierungen

II. **Haftungsausfüllender Tatbestand**
   1. **Ersatzfähiger Schaden, §§ 249 ff. BGB**
   2. **Haftungsausfüllende Kausalität zwischen I.1. und II.1.**
      [Anm.: Äquivalent und adäquat kausal, schutzzweckgemäß]
      - Ⓟ Schockschäden
      - Ⓟ Anspruchskürzung nach den Grundsätzen der gestörten Gesamtschuld

DIE WICHTIGSTEN PROBLEME – LÖSUNGSANSÄTZE

Ⓟ Lehre vom weiterfressenden Mangel

Wurde bereits mangelhaftes Eigentum erworben, stellt sich die Frage, ob eine Eigentumsverletzung noch möglich ist. Nach der Lehre vom weiterfressenden Mangel liegt eine Rechtsverletzung i.S.d. § 823 I BGB nur vor, wenn die Verletzung des Äquivalenzinteresses und des Integritätsinteresses stoffungleich sind. Die Äquivalenzinteresseverletzung (≙ Mangelunwert) berechnet sich aus der Differenz zwischen Sachwert mit und ohne Mangel. Das Integritätsinteresse ist das Interesse am unverletzten Fortbestand bereits bestehender Rechtspositionen. Stoffungleichheit liegt vor, wenn das mangelhafte Teil funktional abgrenzbar und wirtschaftlich leicht austauschbar ist. Faustformel: War der mangelfreie Teil der Sache noch zu retten, liegt i.d.R. eine Eigentumsverletzung i.S.d. § 823 I BGB vor.

Kritisiert wird die Lehre vom Weiterfressermangel, da eine Umgehung der verkürzten Verjährungsfristen des Kaufrechts (§ 438 BGB) gegenüber den §§ 195, 199 BGB drohe und sie mit Rechtsunsicherheiten verbunden sei. Dem lässt sich wiederum entgegenhalten, dass anderenfalls Haftungslücken drohen und die Stoffungleichheit ein taugliches Abgrenzungskriterium bietet.

[„Gaszug-Fall" (BGH, Urt. v. 18.01.1983 - VI ZR 310/79): Ein defekter Kfz-Gaszug, der zu einer Kollision führt, ist eigenständiger Funktionsträger und mit wirtschaftlich erträglichen Mitteln zu ersetzen, sodass eine Rechtsverletzung aller anderen mangelfreien Teile des Pkw vorliegt.]

[„Schwimmschalter-Fall" (BGH, Urt. v. 24.11.1976 - VIII ZR 137/75): Ein mit einem Stromabschalter verbundener Schwimmer, der verhindern soll, dass die normalerweise mit Flüssigkeit bedeckten Heizdrähte durch das Verdampfen freigelegt werden, ist ein funktional abgrenzbares Teil und ein Austausch wirtschaftlich, sodass eine Eigentumsverletzung i.S.d. § 823 I BGB an den übrigen Teilen der Anlage möglich ist, wenn diese aufgrund eines Defekts am Schalter in Brand geraten.]

© Jura Intensiv Verlags UG & Co. KG

ⓟ Allgemeines Persönlichkeitsrecht (APR)

Hergeleitet wird das APR heute anerkanntermaßen aus Art. 2 I i.V.m. Art. 1 GG. Vorrangig ist der partielle Schutz des APR aus den speziellen Vorschriften zu prüfen.

BEISPIEL: § 12 (Name); § 22 KunstUrhG (Bild), § 185 StGB (Ehre)

Ein Eingriff kann erfolgen in die:

1. Intimsphäre: Innere Gedanken- und Gefühlswelt, Tagebücher, Krankenakten, Sexualleben etc.

2. Privatsphäre: Häuslich familiärer Bereich, Garten

BEISPIEL: Paparazzi durchwühlen Mülltonne

3. Individualsphäre: Äußere Beziehung zur Umwelt, öffentliches und berufliches Wirken

BEISPIEL: Foto vom Einkaufswagen eines Ex-Bundepräsidenten

Im Rahmen der Rechtswidrigkeit wird bei den Rahmenrechten nicht indiziert, sondern muss positiv festgestellt werden. Dazu ist eine umfassende Güter- und Interessensabwägung erforderlich. Während ein Eingriff in die Intimsphäre nie zu rechtfertigen ist, sind Eingriffe in die Privatsphäre ausnahmsweise gerechtfertigt. Eingriffe in die Individualsphäre sind bei Verfolgung berechtigter Gegeninteressen zulässig. Als weitere Kriterien auf Opferseite sind zu berücksichtigen: Art, Schwere, Folgen des Eingriffs und Verhalten des Verletzten. Auf Seite des Eingreifenden kommen als Gegeninteressen in Betracht: Sämtliche Rechtfertigungsgründe, Wahrnehmung berechtigter Interessen.

BEISPIEL: Art. 5 GG (Pressefreiheit), § 193 StGB, Eingriff im Zusammenhang mit einer Gemeinwohldiskussion oder einer politischen Auseinandersetzung

Rechtsfolge ist ein Anspruch auf Beseitigung und Unterlassen, analog § 1004 (quasinegatorisch) und/oder Gegendarstellung, §§ 823 I, 249 I BGB. Ein Schadensersatzanspruch bei Verletzung kommerzieller Interessen der Persönlichkeit, wenn konkrete Vermarktungs*möglichkeit* bestand (Bsp.: Model, Promi). Nach der Theorie von der Lizenzanalogie kommt es auf den tatsächlichen Willen/gewerbliche Erlaubnis zur Vermarktung nicht an. Zusätzlich ist Wertersatz aus Eingriffskondiktion (§ 812 I 1 Alt. 2 BGB) möglich. Subsidiär dazu ist auch ein schmerzensgeldähnlicher Ausgleich (immaterieller Schaden) zur Genugtuung denkbar. Dieser Entschädigungsanspruch ist nach Ansicht des BGH nur dann vererbbar, wenn er vor dem Tod des Verletzten rechtskräftig (vgl. § 705 ZPO) zugesprochen wurde. Die h.L. spricht sich zur Wahrung der Präventivfunktion und zum Schutz von Personen mit geringer Lebenserwartung für eine generelle Vererbbarkeit aus.

[„Herrenreiter-Fall" (BGH, Urt. v. 14.02.1958 - I ZR 151/56): *Bei einem Reitturnier wird ein Foto eines Hobby-Dressurreiters ohne dessen Einwilligung geschossen und später für eine Potenzmittel-Werbekampagne verwendet. Der Reiter verlangt Schadensersatz. Zu Recht?*]

Lösung: Mangels Eigentumsverletzung kommt nur ein Eingriff in das APR in Betracht (Individualsphäre). Der Eingriff ist im Hinblick auf die Schwere der Ehrverletzung und mangels berechtigter Gegeninteressen an einer unbefugten Verwendung auch rechtswidrig. Als Schaden kann jedoch nicht eine Lizenzgebühr verlangt werden, da der Reiter unabhängig von seinem Vermarktungswillen keine konkrete Vermarktungsmöglichkeit hatte. Stattdessen ist eine billige Entschädigung in Geld zuzustehen. Daneben besteht ein Anspruch aus § 823 II BGB i.V.m. § 22 KunstUrhG.

Ⓟ Recht am eingerichteten und ausgeübten Gewerbebetrieb

Hergeleitet wird das Recht aus Art. 14 GG. Vorrangig ist Schutz des Gewerbebetriebs aus § 823 I BGB (Eigentum an Einzelwerten), § 824 BGB (Kreditwürdigkeit) und § 826 BGB (Vermögen) zu suchen. Ein Eingriff muss betriebsbezogen erfolgen. Der Eingriff muss sich also gegen den Betrieb als Ganzen richten und nicht bloß gegen Einzelwerte.

[„Stromkabelfall" (BGH, Urt. v. 09.12.1958 - VI ZR 199/57): An der Betriebsbezogenheit des Eingriffs fehlt es, wenn ein Baggerfahrer ein Kabel des Elektrizitätswerks beschädigt, wodurch die Stromzufuhr eines Unternehmens zeitweise unterbrochen wird, sodass es zum Betriebsstillstand kommt.]

[„Brutkastenfall" (BGH, Urt. v. 04.02.1964 - VI ZR 25/63): Wird durch die Stromunterbrechung etwas zerstört (Verderben von Eiern in deaktivierten Brutkästen), kann auf die – hier zurechenbare – Eigentumsverletzung abgestellt werden, ohne dass es auf einen Eingriff in das Recht am eingerichteten und ausgeübten Gewerbebetrieb ankäme.]

Dieser kann zum einen durch physische Beeinträchtigung erfolgen. Auch Werturteile, die nicht beleidigend oder sittenwidrig sind, sowie die Verbreitung wahrer Tatsachen können einen Eingriff darstellen.

[Anm.: Bei unwahrer Tatsachenbehauptung ist § 824 BGB vorrangig; bei Beleidigungen § 823 II BGB i.V.m. § 185 StGB; bei sittenwidrigen Werturteilen § 826 BGB].

In der Rechtswidrigkeitsprüfung ist im Rahmen einer umfassenden Güter- und Interessensabwägung auf Opferseite Art, Dauer und Schwere des Eingriffs sowie Höhe des entstandenen Schadens mit ggf. billigungswertem Zweck auf Täterseite abzuwägen.

BEISPIEL: Meinungs- und Pressefreiheit; Warnung vor Gesundheits- und Umweltgefahren

Ⓟ Eigentumsverletzung in Form von Nutzungsbeeinträchtigung

Das Recht auf Eigentum kann durch Substanzverletzung, Rechtsverletzung *(Bsp.: Veräußerung durch einen Nichtberechtigen)*, Sachentziehung oder Nutzungsbeeinträchtigung verletzt werden. Letztere stellt nicht schon dann eine relevante Verletzung dar, wenn eine einzelne Nutzungsvariante ausgeschlossen ist, sondern erst, wenn *jede* sinnvolle Nutzung vereitelt wird.

[„Fleet-Fall" (BGH, Urt. v. 21.12.1970 - II ZR 133/68): Hafenmeister H bringt verschuldet die einzige Ausfahrt zum Hafenbecken zum Einsturz, in dem auch die MS „Christel" liegt. Die Reparaturarbeiten nehmen sechs Monate in Anspruch. In dieser Zeit wird dem Eigentümer eines Lastkahns (L), der Waren im Hafen löschen wollte, die Einfahrt verwehrt. Stattdessen muss L in den nächsten Hafen fahren. Können Eigentümer (E) der MS „Christel" und L den H in Anspruch nehmen?].

Lösung: Während bei der eingeschlossenen MS „Christel" eine Rechtsverletzung der E in Form einer Eigentumsverletzung durch Ausschluss *jeder* bestimmungsgemäßen Nutzung von gewisser Dauer vorliegt, fehlt es beim ausgesperrten Lastkahn, bei dem nur *eine* Nutzungsvariante eingeschränkt wurde, an einer Eigentumsverletzung. Mangels Betriebsbezogenheit liegt auch kein unmittelbarer Eingriff in den eingerichteten und ausgeübten Gewerbebetrieb des L vor. Nur E hat einen Anspruch gegen H aus § 823 I BGB.

Ⓟ Zurechenbarkeit bei mittelbarem Verletzungsverhalten oder Unterlassen

Liegen Verletzungsverhalten und Rechtsverletzung eigenverantwortliche Zwischenakte, bedarf die Bejahung der Zurechenbarkeit einem erhöhten Begründungsaufwand. Dies gilt grundsätzlich bei mittelbarem Verletzungsverhalten und Unterlassen sowie in Fällen gleichzeitiger Benutzung von Anlagen *(Bsp.: Skipiste, Golfplatz)* ausnahmsweise auch für unmittelbare Verletzungshandlungen. Vor der haftungsbegründenden Kausalität ist dann als zusätzlicher Prüfungspunkt „Verkehrssicherungspflichtverletzung" zu prüfen:

Quellen von Verkehrssicherungspflichten (VSP)

- Gesetz
  BEISPIEL: § 4 I StrReinG-NRW i.V.m. gemeindlicher Satzung
- Beruf
  BEISPIEL: Schwimmmeister, Arzt
- Beherrschung von Anlagen
  BEISPIEL: Grundstücke, Baustelle
- Produktion
- Ingerenz (Pflichtwidriges Vorverhalten)
- Kraft faktischer Übernahme
  BEISPIEL: Beifahrer beaufsichtigt Pkw bei laufendem Motor

Konkretisierung der Verkehrssicherungspflicht

Hier sind abstrakt die Anforderungen an die Einhaltung der VSP zu ermitteln

BEISPIEL: Produktion: Konstruktions-, Fabrikations-, Instruktionspflicht und Produktüberwachung

Nach der haftungsausfüllenden Kausalität ist unter „Schutzzweck der Norm" zu prüfen, ob die betroffene Verkehrssicherungspflicht die Vermeidung der eingetretenen Rechtsverletzung bezwecken sollte.

ⓟ Zurechnung bei Herausforderer-/Verfolgerfällen

Die Zurechnung bei den Herausforderer- und Verfolgerfällen richtet sich nach eigenen, wertenden Kriterien.

1. Herausforderung durch vorwerfbares Verhalten

2. Der Verfolger muss sich ein Verfolgungsrecht vorstellen
   BEISPIEL: § 127 StPO

3. Verhältnismäßigkeit von Verfolgungsrisiko und -zweck

4. Verwirklichung eines gesteigerten Verfolgungsrisikos (↔ Allg. Lebensrisiko)

[„Verfolgerfälle" (BGH, Urt. v. 13.07.1971 - VI ZR 125/70 u.a.): Fahrkartenkontrolleur F rennt einem flüchtigen „Schwarzfahrer" S hinterher, um dessen Identität festzustellen. Bei der Verfolgung rutscht F auf einer, der Öffentlichkeit eigentlich nicht zugänglichen, steilen, langgezogenen Treppe aus und bricht sich das Bein. Anspruch F gegen S, gem. § 823 I BGB?]

Lösung: F hat eine Rechtsgutverletzung erlitten. S hat durch sein Weglaufen nach vorwerfbarem Verhalten (§ 265a StGB) erkennbar und ohne Notwendigkeit eine Lage mit erhöhtem Verletzungsrisiko für F geschaffen. Dabei war F zur Verfolgung berechtigt (§ 229 BGB; § 127 StPO). Verfolgungsrisiko und -zweck stehen in Anbetracht des Feststellungs- und Abschreckungsinteresses im Verhältnis zueinander. Schließlich realisierte sich ein gesteigertes Verfolgungsrisiko, als F die steile und langgezogene Treppe heruntereilte.

Deliktsrecht 85

ⓟ Täterschaft, Teilnahme und sonstige Beteiligung, § 830 BGB
Die Vorschrift findet Anwendung bei Mittätern (§ 830 I 1 BGB), bei unklaren Verursacherbeiträgen (§ 830 I 2 BGB) und bei Teilnehmern (§ 830 II BGB), jedoch nicht bei Nebentäterschaft (kein bewusstes Zusammenwirken).

BEISPIEL: A und B üben Schattenboxen vor dem Spiegel des C. Durch einen Schlag wird der Spiegel zerstört, ohne dass geklärt werden kann, wer den Schlag gesetzt hat.

ⓟ Lehre vom Erfolgsunrecht versus Lehre vom Handlungsunrecht
Nach der herrschenden Lehre vom Erfolgsunrecht indiziert die Tatbestandsmäßigkeit die Rechtswidrigkeit. Diese Vermutung wird erst durch Vorliegen von Rechtfertigungsgründen widerlegt.

Die Lehre vom Handlungsunrecht prüft innerhalb der Rechtswidrigkeit neben den allgemeinen Rechtfertigungsgründen zusätzlich, ob auch bei Beachtung des pflichtgemäßen Alternativverhaltens der Erfolg ebenfalls eingetreten wäre (Bei Vorsatz wird Rechtswidrigkeit dann indiziert). Kritisiert wird an der Lehre vom Handlungsunrecht, dass Verschuldenselemente auf Rechtfertigungsebene geprüft werden. Entscheidungserheblich kann dies bei Vorschriften werden, die lediglich auf die Rechtswidrigkeit abstellen, aber kein Verschulden erfordern.

BEISPIEL: Notwehr, § 227 BGB; bei der Prüfung des objektiven Tatbestandes einer unerlaubten Handlung des Verrichtungsgehilfen im Rahmen von § 831 BGB; Beseitigungs- und Unterlassungsanspruch, § 1004 BGB

ⓟ Einzelne Rechtfertigungsgründe
- Notwehr, § 227 BGB
- (Defensiv-/Agressiv-)Notstand, §§ 229, 904 BGB
- Selbsthilfe, §§ 859, 910 BGB
- Wahrnehmung berechtigter Interessen, § 193 StGB
- Schuldrechtlicher Vertrag
- Echte berechtigte GoA, §§ 677, 683 BGB

ⓟ Vermutetes Verschulden bei der Produzentenhaftung
Bei der Haftung des Produzenten nach § 823 I BGB ist es dem Anspruchssteller kaum möglich, im Geflecht umfangreicher Organisationsprozesse darzulegen, welches Organ oder welcher verfassungsgemäß berufene Vertreter (analog § 31 BGB) zu welchem Zeitpunkt vorsätzlich oder fahrlässig gehandelt hat. Daher ist im Rahmen der Produzentenhaftung eine Beweislastumkehr bzgl. Des Verschuldens anerkannt. Daneben (§ 15 II ProdHaftG) ist an die Gefährdungshaftung nach § 1 I ProdHaftG denken (vgl. S. 96).

ⓟ Auswirkungen vertraglicher und gesetzlicher Haftungsprivilegierungen
Im Zweifel wirkt sich eine gesetzliche und zulässige vertragliche Haftungsmilderung ebenfalls auf die deliktische Haftung aus.

ⓟ Schockschäden
Um sog. Schockschäden handelt es sich, wenn die psychische Beeinträchtigung unmittelbar vom Schädiger hervorgerufen wurde („Primärschaden"). Schockschäden werden im Rahmen der haftungsbegründenden Kausalität geprüft. Die Beeinträchtigung muss damit für den

© Jura Intensiv Verlags UG & Co. KG

Schädiger vorhersehbar gewesen sein, denn das Verschulden bezieht sich auf die haftungsbegründende Kausalität (nicht jedoch auf die haftungsausfüllende Kausalität).

BEISPIEL: Psychische Gesundheitsverletzung eines unmittelbar beteiligten Polizisten nach Amoklauf

Hiervon zu unterscheiden, sind psychische Beeinträchtigungen, die nur haftungsausfüllende Folgewirkungen („Sekundärschaden") einer anderen Rechtsgutverletzung („Primärschaden") sind. Solche können auch schockbedingt sein, werden aber erst im haftungsausfüllenden Tatbestand geprüft.

BEISPIEL: Täter verletzt Polizist am Daumen („Primärschaden"). Infolge der Verletzung erleidet der Polizist eine posttraumatische Belastungsstörung („Sekundärschaden")

Pathologisch messbaren Schockschäden sind unter besonderen Voraussetzungen als adäquat kausaler Schaden zuzurechnen.

1. Schwere Beeinträchtigung (↔ Allg. Lebensrisiko, *Bsp.: Niedergeschlagenheit*)
2. Naher Angehöriger
3. Nachvollziehbarkeit

   BEISPIEL: Örtliche Anwesenheit

Ⓟ Anspruchskürzung nach den Grundsätzen der gestörten Gesamtschuld

> **DEFINITION**
> Eine gestörte Gesamtschuld liegt vor, wenn ein Gesamtschuldverhältnis nur deshalb *nicht* entsteht, weil ein oder mehrere Schuldner wegen gesetzlicher oder vertraglicher Haftungsausschlüsse nicht haften.

Wie die gestörte Gesamtschuld zu behandeln ist richtet sich nach der Rechtsnatur des Haftungsausschlusses.

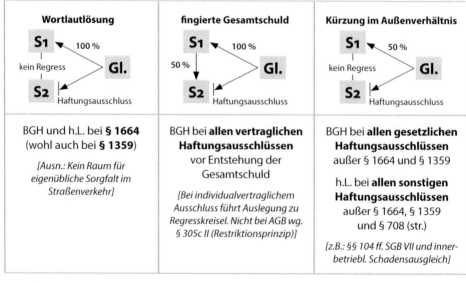

Wortlautlösung	fingierte Gesamtschuld	Kürzung im Außenverhältnis
BGH und h.L. bei **§ 1664** (wohl auch bei **§ 1359**) [Ausn.: Kein Raum für eigenübliche Sorgfalt im Straßenverkehr]	BGH bei **allen vertraglichen Haftungsausschlüssen** vor Entstehung der Gesamtschuld [Bei individualvertraglichem Ausschluss führt Auslegung zu Regresskreisel. Nicht bei AGB wg. § 305c II (Restriktionsprinzip)]	BGH bei **allen gesetzlichen Haftungsausschlüssen** außer § 1664 und § 1359 h.L. bei **allen sonstigen Haftungsausschlüssen** außer § 1664, § 1359 und § 708 (str.) [z.B.: §§ 104 ff. SGB VII und innerbetriebl. Schadensausgleich]

Ist nach einem Regressanspruch des in Anspruch genommenen Schuldners (S1) gegen den privilegierten Schuldner (S2) gefragt, so ist das Problem der gestörten Gesamtschuld im Rahmen von § 426 BGB bei der Frage zu erörtern, ob überhaupt ein Gesamtschuldverhältnis zwischen S1 und S2 vorliegt.

SCHEMA SCHADENSERSATZ NACH § 823 II BGB I.V.M. SCHUTZGESETZ

I. Haftungsbegründender Tatbestand

1. Schutzgesetzverletzung durch Anspruchsgegner

   a) Gesetz

   > **DEFINITION**
   > Jede formelle oder materielle Rechtsnorm, Art. 2 EGBGB.

   b) Schutzgesetz

   > **DEFINITION**
   > Gesetz, das nicht nur dem Schutz der Allgemeinheit, sondern auch Individualinteressen dient.

   c) Verstoß gegen das Schutzgesetz

2. Schutzzweck des Schutzgesetzes berührt (personell, sachlich, funktional)
3. Rechtswidrigkeit der Schutzgesetzverletzung
4. Verschulden bzgl. Schutzgesetzverletzung, falls nicht schon bei Schutzgesetz geprüft, § 823 II 2 BGB

   [Anm.: Beachte zivilrechtliche Haftungsprivilegien wie § 828 BGB]

II. Haftungsausfüllender Tatbestand (vgl. § 823 I BGB)

1. Ersatzfähiger Schaden, §§ 249 ff. BGB
2. Äquivalente und adäquate Kausalität zwischen I.1. und II.1.

SCHEMA SCHADENSERSATZ KREDITGEFÄHRDUNG § 824 BGB

I. Haftungsbegründender Tatbestand

1. Behaupten oder Verbreiten unwahrer Tatsachen

   > **DEFINITION**
   > Tatsachen sind Umstände der Vergangenheit oder Gegenwart, die dem Beweis zugänglich sind (↔ Werturteile)

   P Abgrenzung § 824 BGB zu anderen Schadensersatzansprüchen

2. Eignung zur Kreditgefährdung und unmittelbarer Bezug zum Betroffenen
3. Rechtswidrigkeit (Insbes. berechtigte Interessen, § 824 II BGB)
4. Verschulden bezüglich Unwahrheit und Eignung zur Kreditgefährdung

   P Fahrlässige Unkenntnis von Unwahrheit

II. Haftungsausfüllender Tatbestand (vgl. § 823 I BGB)

1. Ersatzfähiger Schaden, §§ 249 ff. BGB
2. Äquivalente und adäquate Kausalität (I.1. → II.1.)

   [Anm.: Bei Wiederholungsgefahr Unterlassungsanspruch, analog § 1004 BGB]

PRÜFUNGSSCHEMA

SCHEMA SCHADENSERSATZ BEI VORSÄTZLICHER, SITTENWIDRIGER SCHÄDIGUNG, § 826 BGB

I. Herbeiführung eines Vermögensschadens

II. In einer gegen die guten Sitten verstoßenden Art und Weise

III. Vorsatz bzgl. Schaden und die Sittenwidrigkeit begründender Umstände

SCHEMA SCHADENSERSATZ AUS BILLIGKEITSGRÜNDEN, § 829 BGB

I. Haftungsbegründender Tatbestand

  1. Objektiver Tatbestand einer unerlaubten Handlung
  2. Keine Haftung wegen § 827 BGB oder § 828 BGB
  3. Billigkeit (restriktiv): Interessenabwägung
     [Anm.: Unter anderem: Umstände der Tat; Lebensverhältnisse der Parteien]
  4. Kein Ausschluss wegen Haftung eines Aufsichtspflichtigen, § 832 BGB

II. Haftungsausfüllender Tatbestand (vgl. § 823 I BGB)

  1. Ersatzfähiger Schaden, §§ 249 ff. BGB
  2. Äquivalente und adäquate Kausalität zwischen I.1. und II.1.

SCHEMA SCHADENSERSATZPFLICHT DES GESCHÄFTSHERRN, § 831 BGB

I. Haftungsbegründender Tatbestand

  1. Verrichtungsgehilfe

     > **DEFINITION**
     > Verrichtungsgehilfe ist jede Person, die im Geschäftskreis des Geschäftsherrn mit dessen Wissen und Wollen nach dessen Weisungen tätig ist.

  2. Verwirklichung obj. Tatbestand einer unerlaubten Handlung durch Gehilfen
     [Anm.: Kein Verschulden des Gehilfen erforderlich]
  3. In Ausführung der Verrichtung (↔ Bei Gelegenheit)
  4. Verschulden des Geschäftsherrn (vermutet), § 831 I 2 BGB
     [Anm.: Ausreichend ist eine personenbezogene Exkulpation für Auswahl, Anleitung und Überwachung des Verrichtungsgehilfen. Eine sachbezogene Exkulpation für die sonstige Organisation ist nicht erforderlich.]

      Dezentralisierter Entlastungsbeweis

II. Haftungsausfüllender Tatbestand

  1. Ersatzfähiger Schaden, §§ 249 ff. BGB
  2. Äquivalente und adäquate Kausalität zwischen I.2. und II.1.

Deliktsrecht 89

PRÜFUNGSSCHEMA

SCHEMA SCHADENSERSATZPFLICHT DES AUFSICHTSPFLICHTIGEN, § 832 BGB

I. Haftungsbegründender Tatbestand

1. Aufsichtsbedürftige Person
   - Minderjährige (unabhängig von geistiger Reife)
   - Bedürftige aufgrund geistigen oder körperlichen Zustandes

2. Verwirklichung obj. Tatbestand einer unerlaubten Handlung durch Aufsichtsbedürftigen (Kein Verschulden des Aufsichtsbedürftigen erforderlich)
   - **P** Geschützter Personenkreis

3. Aufsichtspflichtverletzung eines Aufsichtspflichtigen kraft Gesetzes oder Vertrages (§ 832 II BGB)
   - **P** Inhalt der Aufsichtspflicht

4. Haftungsbegründende Kausalität zwischen I.3. und I.2. (vermutet)

5. Verschulden des Aufsichtspflichtigen (vermutet), § 832 I 2 BGB

II. Haftungsausfüllender Tatbestand

1. Ersatzfähiger Schaden, §§ 249 ff. BGB
2. Äquivalente und adäquate Kausalität zwischen I.2. und II.1.

SCHEMA SCHADENSERSATZPFLICHT DES HAUSTIERHALTERS, § 833 S. 2 BGB

I. Haftungsbegründender Tatbestand

1. Rechtsverletzung
2. Haustier

   DEFINITION
   Haustiere sind zahme Tiere, die von natürlichen oder juristischen Personen zur Nutzung gezogen und gehalten werden.
   BEISPIEL: Rind, Schwein ↔ unzähmbare Tiere wie Bienen

3. Haftungsbegründende Kausalität zwischen Tierverhalten und I.1.
4. Verschulden des Halters (vermutet)

II. Haftungsausfüllender Tatbestand

1. Ersatzfähiger Schaden, §§ 249 ff. BGB
2. Äquivalente und adäquate Kausalität zwischen I.1. und II.1.

© Jura Intensiv Verlags UG & Co. KG

PRÜFUNGSSCHEMA

SCHEMA SCHADENSERSATZPFLICHT DES FAHRZEUGFÜHRERS, § 18 StVG

I. **Haftungsbegründender Tatbestand**
   1. Rechtsverletzung
   2. Anspruchsgegner ist Führer des Kraftfahrzeuges

   > **DEFINITION**
   > Kfz-Führer ist, wer im Augenblick des Unfalls das Kfz lenkt und die tatsächliche Gewalt über das Steuer hat.

   3. Bei Betrieb
   4. Rechtswidrigkeit (indiziert)
   5. Verschulden (vermutet), § 18 I 2 StVG

      P Kein Raum für eigenübliche Sorgfalt im Straßenverkehr

II. **Haftungsausfüllender Tatbestand**
   1. Ersatzfähiger Schaden, §§ 249 ff. BGB
   2. Äquivalente und adäquate und Kausalität zwischen I.1. und II.1.

III. **Keine Einwendungen aus §§ 7 II, 8, 9 StVG oder §§ 18 III, 17 I StVG**
   [Anm.: Zu den Ausschlussgründen im Einzelnen vgl. S. 93]

IV. **Keine Verjährung oder Verwirkung, §§ 14, 15 StVG**

DIE WICHTIGSTEN PROBLEME – LÖSUNGSANSÄTZE

P Abgrenzung § 824 BGB zu anderen Schadensersatzansprüchen
Bei Beleidigungen kann Schadensersatz nach § 823 II BGB i.V.m. § 185 StGB gefordert werden, bei sittenwidrigen Werturteilen nach § 826 BGB. Weder beleidigende noch sittenwidrige Werturteile, sowie Verbreitung wahrer Tatsachen können als Eingriff in ein Rahmenrecht bei § 823 I BGB Berücksichtigung finden.

P Fahrlässige Unkenntnis von Unwahrheit
Ausnahmsweise ist der Anspruch ausgeschlossen, wenn der Mitteilende die Unwahrheit der Tatsachenbehauptung verkennt und dabei sein Vorgehen nach pflichtgemäßer Prüfung zur Wahrnehmung berechtigter Interessen (vgl. § 193 StGB) für erforderlich halten durfte.

P Dezentralisierter Entlastungsbeweis
Der Vorstand oder Geschäftsführer muss sich nur für die unter ihm liegende Ebene exkulpieren und nicht für den unmittelbar ausführenden Angestellten.

Ⓟ Geschützter Personenkreis
§ 832 BGB dient ausschließlich dem Schutz Dritter. Nicht geschützt werden dagegen der Aufsichtsbedürftige selbst oder ein Aufsichtspflichtiger. Wird der Aufsichtsbedürftige verletzt, kommt eine Haftung des Aufsichtspflichtigen aus § 823 I BGB wegen Verkehrssicherungsverletzung in Betracht.

Ⓟ Inhalt der Aufsichtspflicht
Die Aufsichtspflicht ist eine spezielle Verkehrssicherungspflicht, bei deren inhaltlicher Konkretisierung die Normalentwicklung, individuelle Entwicklung des Aufsichtsbedürftigen, Umstände der konkreten Situation, Zumutbarkeit und der Erziehungsauftrag zu berücksichtigen sind. Eine Verletzung der Pflicht kann auch darin bestehen, den Überwachungs- und Auswahlpflichten bezüglich einer gewillkürten Aufsichtsperson nicht genügt zu haben.

BEISPIEL: Eltern eines aggressiven Kindes beauftragten ungeschultes Kindermädchen

Ⓟ Kein Raum für eigenübliche Sorgfalt im Straßenverkehr
Etwaige Haftungsprivilegierungen (z.B. § 708 BGB; § 1359 BGB; § 4 LpartG; § 1664 BGB), die den Verschuldensmaßstab auf eigenübliche Sorgfalt herabsetzen (§ 277 BGB), greifen nicht bei Schadenszufügungen in Folge der schuldhaften Verletzung von Vorschriften im Straßenverkehr mit einem Kfz. Denn im motorbetriebenen Straßenverkehr ist der Sorgfaltsmaßstab für alle gleich.

2. Teil: Gefährdungshaftung

Bei der Gefährdungshaftung haftet der Betreiber einer *erlaubten* Gefahr verschuldensabhängig für eingetretene Schäden.

PRÜFUNGSSCHEMA

GRUNDSCHEMA HALTERHAFTUNG, § 7 I StVG

I. Haftungsbegründender Tatbestand
  1. Rechtsgutsverletzung
  2. Abstrakte Gefahrensituation: Halter eines Kfz (§ 1 II StVG) oder Anhängers
  3. Zurechnung
     a) Kausalität i.S.d. Äquivalenztheorie
     b) Schutzzweck der Norm (Realisierung der Betriebsgefahr im Kausalverlauf)
        aa) Sachlich: Bei Betrieb
        bb) Örtlich und zeitlich: Enger Zusammenhang von Schadensursache und Betrieb im Straßenverkehr

II. Haftungsausfüllender Tatbestand
  1. Ersatzfähiger Schaden, §§ 10 ff. StVG i.V.m. §§ 249 ff. BGB
  2. Äquivalente und adäquate Kausalität zwischen I.1. und II.1.

III. Einwendungen, § 7 II, III, § 8 Nrn. 2 und 3, § 9 oder § 17 II, III StVG

SCHEMA MIT DEFINITIONEN UND PROBLEMEN HALTERHAFTUNG, § 7 StVG

[Anm.: Gem. § 115 I 1 VVG besteht zusätzlich Direktanspruch gegen die Haftpflichtversicherung]

I. Haftungsbegründender Tatbestand
  1. Rechtsverletzung
  2. Abstrakte Gefahrensituation: Halter eines Kfz (§ 1 II StVG) oder Anhängers

  > **DEFINITION**
  > Halter ist, wer das Kfz nicht nur vorübergehend für eigene Rechnung in Gebrauch hat und die tatsächliche Verfügungsgewalt über das Kfz besitzt.

  3. Zurechnung
     a) Kausalität i.S.d. Äquivalenztheorie
        [Anm.: keine Adäquanz erforderlich]
     b) Schutzzweck der Norm (Erfolg realisiert tatbestandsspezifische Gefahr)
        aa) Sachlich: Bei Betrieb
             Verkehrstechnische versus maschinentechnische Auffassung

bb) Örtlicher und zeitlicher Zusammenhang zwischen Betrieb im öffentlichen Straßenverkehr und Schadensursache

> **DEFINITION**
> Öffentlich sind alle Verkehrsflächen, die ausdrücklich oder mit stillschweigender Duldung des Verfügungsberechtigten für einen nicht näher bestimmten Personenkreis zur Benutzung zugelassen sind.

P Besondere Kausalitätsfragen

II. Haftungsausfüllender Tatbestand

1. **Ersatzfähiger Schaden, §§ 10 ff. StVG i.V.m. §§ 249 ff. BGB**

   P Besonderes Schadensrecht nach StVG

2. **Äquivalente und adäquate Kausalität zwischen I.1. und II.1.**

III. Keine Einwendungen aus §§ 7 II, III, 8, 9 oder § 17 StVG

> **DEFINITION**
> Höhere Gewalt sind Ereignisse, die von außen herbeigeführt, außergewöhnlich und auch durch einen Idealfahrer mit wirtschaftlich erträglichen Mitteln unabwendbar sind.

BEISPIEL: Heckenschütze schießt auf Reifen eines Kfz

P Haftungsausschluss bei Schwarzfahrt i.S.d. § 7 III StVG

P Haftungsausschluss in den Fällen des § 8 Nrn. 2 und 3 StVG

P Berücksichtigung der Betriebsgefahr, § 17 I, II StVG

P Haftungsausschluss bei unabwendbarem Ereignis i.S.d. § 17 III StVG

P Mitverschulden des gegnerischen Fahrzeugführers, §§ 18 III, 17 II StVG

P Mitverschulden sonstiger Verkehrsteilnehmer, § 9 StVG i.V.m. § 254 BGB

IV. Keine Verjährung oder Verwirkung, §§ 14, 15 StVG

DIE WICHTIGSTEN PROBLEME – LÖSUNGSANSÄTZE

P Verkehrstechnische versus maschinentechnische Auffassung

H.M. Verkehrstechnische Auffassung: Betrieb, solange es sich (fahrend oder geparkt) im Verkehr befindet und andere Verkehrsteilnehmer gefährden könnte.

BEISPIEL: Fußgänger stürzt gegen im Straßenverkehr parkenden Pkw

A.A. Maschinentechnische Auffassung: Betrieb, solange Motorkräfte auf das Kfz einwirken

P Besondere Kausalitätsfragen

Zwar kommt es auf eine Berührung nicht an, bloße Anwesenheit eines Kfz genügt jedoch nicht. Entscheidend ist, dass durch Fahrweise oder sonstige Verkehrsbeeinflussung zur Schadensverursachung beigetragen wurde. So kann eine voreilige, also objektiv nicht erforderliche,

Abwehr- oder Ausweichreaktion dem Betrieb des Kfz zugerechnet werden, das diese Reaktion ausgelöst hat.

BEISPIEL: Ein sich aus der Gegenrichtung nähernder Pkw täuscht eine Lenkbewegung an, ohne seine Fahrbahnlinie zu überschreiten, worauf der Fahrer des entgegenkommenden Pkw hektisch ausweicht und vor eine Säule fährt.

ⓟ Besonderes Schadensrecht nach StVG
Die § 10 ff. StVG sind leges specialis; während § 16 StVG in allen sonstigen Fällen auf die §§ 249 ff. BGB verweist. § 10 StVG enthält gegenüber § 844 BGB eigenständige Regeln für den Fall der Tötung. § 11 StVG gewährt in S. 1 umfassenden Ersatz für Körperverletzungen, [Heilbehandlung (Fall 1), Ersatz für Aufhebung der Erwerbsfähigkeit (Fall 2), sowie für die Vermehrung der Bedürfnisse (Fall 3).

BEISPIEL: Kosten einer erforderlichen Haushaltshilfe

Nach S. 2, kann Schmerzensgeld gefordert werden. Sachschäden werden gem. § 16 StVG nach den §§ 249 ff. BGB ersetzt. Zu beachten sind die Haftungshöchstgrenzen des § 12 StVG.

ⓟ Haftungsausschluss bei Schwarzfahrt i.S.d. § 7 III StVG
Wird das Kfz (oder der Anhänger) ohne Wissen und Willen des Halters benutzt, haftet an Stelle des Halters der Schwarzfahrer. Der Halter haftet jedoch neben dem Schwarzfahrer, wenn er die Benutzung des Kfz schuldhaft ermöglicht hat (§ 7 III 1, 2. HS StVG).

BEISPIEL: Der 16-jährige B macht in Abwesenheit des Vaters V eine Spritztour mit dessen Pkw, wobei B einen Unfall verursacht. Haftung des V nach § 7 I StVG?

Lösung: Je nach Art der Schlüsselaufbewahrung (Küchentisch oder Safe) haftet der Vater oder nicht. Daneben kommt eine Haftung nach § 832 BGB in Betracht.

ⓟ Haftungsausschluss in den Fällen des § 8 Nrn. 2 und 3 StVG
Nach Nr. 2: Ausschluss der Halterhaftung, wenn der Verletzte bei Betrieb des KfZ oder des Anhängers tätig war.

BEISPIEL: Fahrer; Personen, die bei Wartung und Pflege oder beim Be- und Entladen mithelfen

Nach Nr. 3: Ausschluss der Halterhaftung für Beschädigungen von durch das KfZ (oder Anhänger) beförderte Sachen, mit Ausnahme derer, die eine beförderte Person mit sich führt oder an sich trägt.

ⓟ Berücksichtigung der Betriebsgefahr, § 17 I, II StVG
Drei-Personen-Konstellation: Dritter wurde durch zwei Pkw geschädigt, deren Halter ihm gegenüber als Gesamtschuldner haften (§ 421 BGB). Der in Anspruch genommene Halter kann bei dem anderen Halter grundsätzlich zur Hälfte Regress nehmen (§ 426 I BGB). Eine davon abweichende Haftungsquote im Innenverhältnis kann sich aus § 17 I StVG je nach Betriebsgefahr ergeben.

Zwei-Personen-Konstellation: Nimmt ein Halter bei einem Unfall den anderen Halter in Anspruch, kann der Anspruchsgegner dem Anspruchssteller eine Anspruchskürzung aus § 17 II StVG infolge Betriebsgefahr entgegenhalten.

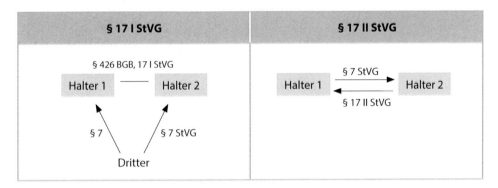

ⓟ Haftungsausschluss bei unabwendbarem Ereignis i.S.d. § 17 III StVG
Ist der Geschädigte ebenfalls Halter eines Kfz (oder Anhängers), sodass er ebenfalls für eine Betriebsgefahr einzustehen hat, so ist der Anspruch ausgeschlossen, wenn der Fahrer des schädigenden Kfz Idealfahrer war.

BEISPIEL: Kraftfahrer und Halter (K) fährt bei grüner Ampel mit angepasster Geschwindigkeit in eine Kreuzung. Plötzlich biegt aus dem Gegenverkehr unvermittelt ein Kfz verbotswidrig links ab. Es kommt zum Aufprall. Haftung des K nach § 7 I StVG?

Lösung: K war Idealfahrer, da er bremsbereit in die Kreuzung einfuhr, aber dennoch nicht zu langsam, um diese zu blockieren. Haftungsausschluss (§ 17 III StVG) greift.

ⓟ Mitverschulden des gegnerischen Fahrzeugführers, §§ 18 III, 17 II StVG
Wird der Halter vom Führer des gegnerischen Unfallfahrzeuges verklagt und trifft diesen selbst ein Mitverschulden, ist dieses über §§ 18 III, I, 17 II StVG anzurechnen *[Anm.: Nicht über: § 9 StVG i.V.m. § 254 BGB]*. Dieses muss dann mit der Betriebsgefahr des Halters des anderen Fahrzeuges gem. §§ 17 II StVG abgewogen werden.

ⓟ Mitverschulden sonstiger Verkehrsteilnehmer, §§ 9 StVG i.V.m. 254 BGB
Gegenüber Verkehrsteilnehmern, die nicht für eine Betriebsgefahr einzustehen haben *(Bsp.: Fußgänger, Radfahrer)*, wird der Halter nur vollständig gem. § 7 II StVG entlastet. In allen anderen Fällen kommt allenfalls - je nach Mitverschulden - eine Haftungsminderung gem. § 9 StVG i.V.m. § 254 BGB in Betracht *(Bsp.: unangeschnallte Insassen; Absehen von Helm bei Rennradfahrern)*.

PRÜFUNGSSCHEMA

SCHEMA SCHADENSERSATZ, § 1 ProdHaftG

I. Haftungsbegründender Tatbestand

1. Rechtsverletzung

    🅿 Anwendbarkeit der Lehre vom weiterfressenden Mangel bei § 1 ProdHaftG

2. Abstrakte Gefahrensituation

    a) Anspruchsgegner ist Hersteller, § 4 ProdHaftG

    b) Produkt, § 2 ProdHaftG

    BEISPIEL: Pkw, Elektrizität

    c) Fehler, § 3 ProdHaftG

3. Zurechnung

    a) Kausalität i.S.d. Äquivalenztheorie

    [Anm.: keine Adäquanz erforderlich]

    b) Schutzzweck der Norm (Realisierung der Tiergefahr im Kausalverlauf)

4. Kein Ausschluss, § 1 II ProdHaftG

II. Haftungsausfüllender Tatbestand

1. Ersatzfähiger Schaden, §§ 7-9 ProdHaftG

2. Äquivalente und adäquate Kausalität zwischen I.1. und II.1.

    [Anm.: Beachte Haftungsgrenze (§ 10 ProdHaftG) und Eigenbeteiligung (§ 11 ProdHaftG)]

SCHEMA SCHADENSERSATZPFLICHT DES LUXUSTIERHALTERS, § 833 S. 1 BGB

I. Haftungsbegründender Tatbestand

1. Rechtsverletzung durch Luxustier

2. Abstrakte Gefahrensituation: Tiergefahr

3. Zurechnung

    a) Kausalität i.S.d. Äquivalenztheorie *[Anm.: keine Adäquanz erforderlich]*

    b) Schutzzweck der Norm (Erfolg realisiert Tiergefahr)
    Unberechenbarkeit tierischen Verhaltens [↔ Hetzen eines Hundes]

II. Haftungsausfüllender Tatbestand

1. Ersatzfähiger Schaden, §§ 249 ff. BGB

2. Äquivalente und adäquate Kausalität zwischen I.1. und II.1.

DIE WICHTIGSTEN PROBLEME – LÖSUNGSANSÄTZE

ⓟ Anwendbarkeit der Lehre vom weiterfressenden Mangel bei § 1 ProdHaftG

Umstritten ist, ob die Lehre vom „weiterfressenden Mangel" auch bei § 1 I 2 ProdHaftG Anwendung findet. E.A. begründet dies mit dem Produktbegriff des § 2 ProdHaftG. Die h.M. verlangt eine Verletzung einer anderen, außerhalb des Produkts liegenden Sache, da der Wortlaut des § 1 I 2 ProdHaftG ausdrücklich von einer *anderen* Sache spricht und der Produktbegriff in § 2 ProdHaftG lediglich bezweckt, dem Geschädigten möglichst mehre Schuldner anhand zu stellen (als Gesamtschuldner, § 5 ProdHaftG) – nicht um auch das Eigentum am Produkt selbst durch Gefährdungshaftung zu schützen.

ALLGEMEINES SCHADENSRECHT

Den Schadensersatzansprüchen des BGB liegt auf Rechtsfolgenseite grundsätzlich das einheitliche Schadensrecht der §§ 249 – 255 BGB zugrunde.

I. Materielle Schäden

1. Differenzmethode

> **DEFINITION**
> Gläubiger ist so zu stellen, wie seine hypothetische Vermögenslage ohne das schädigende Ereignis bestünde.

a) Negative Differenzmethode
Bei Verstoß gegen Ge- oder Verbote ist der Gläubiger so zu stellen, als ob der Schuldner sich ordnungsgemäß verhalten hätte.

BEISPIEL: Rechtswidrigkeitshaftung (§§ 823 ff. BGB); culpa in contrahendo (§§ 280 I, 311 II, 241 II BGB); Anfechtung (§ 122 BGB); Haftung des Vertreters ohne Vertretungsmacht, § 179 II BGB.

b) Positive Differenzmethode
Bei Leistungspflichtverletzungen ist der Gläubiger so zu stellen, als ob der Schuldner ordnungsgemäß erfüllt hätte. Der Schaden berechnet sich, indem vom Wert der gestörten Leistung der Wert der Gegenleistung (soweit geschuldet) abgezogen wird: Wert Leistung – Wert Gegenleistung = Differenzschaden. Hinzu kommen entgangene Gewinne (s.u. bei § 255 BGB).

BEISPIEL: Schadensersatz statt der Leistung

[Anm.: Bei Austauschverträgen, deren Gegenleistung nicht in Geld besteht (z.B. Tauschvertrag, § 480 BGB), kann sich der Gläubiger alternativ auch für die Schadensberechnung nach der Surrogationsmethode entscheiden. Hierbei bekommt er den Wert der gestörten Leistung ungekürzt (Wert Leistung = Surrogationsschaden), muss dafür aber die Gegenleistung erbringen (§ 326 I 1 BGB verbietet dem Gläubiger der gestörten Leistung nicht, die ihm obliegende Gegenleistung zu erfüllen).]

2. Ersatzfähigkeit

a) Herstellungsinteresse

aa) Naturalrestitution (§ 249 I BGB)
Grundsätzlich hat der Schuldner selbst den Zustand wiederherzustellen, der ohne das schädigende Ereignis bestünde. Im Wege der Naturalrestitution kann bei Sachentzug jeder Schadensersatzanspruch auch auf Herausgabe gerichtet sein. Beachte: Für Herausgabeansprüche gilt die Sperrwirkung des § 993 I BGB a. E. nicht, sodass z.B. ein Anspruch aus § 823 I i.V.m. § 249 I BGB gerichtet auf Herausgabe neben dem EBV anwendbar ist.

BEISPIEL: Herausgabe; Vertragsaufhebung bei Vertragsschluss aufgrund arglistiger Täuschung; Kursverlust nach Falschberatung einer Bank

Erfolgt Naturalrestitution nicht innerhalb angemessener Frist, kann der Gläubiger stattdessen Geldersatz verlangen, § 250 S. 2 BGB.

BEISPIEL: Gläubiger wird durch falsche Berichterstattung in seinem Allgemeinen Persönlichkeitsrecht verletzt und verlangt im Wege der Naturalrestitution Veröffentlichung einer Richtigstellung, welche der Schuldner aber nicht fristgerecht publiziert. Daraufhin schaltet Gläubiger selbst eine Anzeige und verlangt vom Schuldner die dafür erforderlichen Kosten.

[Anm.: Anders als bei einem Schadensersatzanspruch statt der Leistung, der aufgrund des Wegfalls des Leistungsanspruchs (§ 281 IV BGB) von vornherein nur auf Geldersatz gerichtet ist, kann der Geschädigte bei einem Schadensersatzanspruch neben der Leistung wahlweise Naturalrestitution oder Geldersatz verlangen.]

bb) Wiederherstellungs- und Heilbehandlungskosten (§ 249 II BGB)
Bei Verletzung einer Person oder Beschädigung einer Sache kann der Gläubiger alternativ zur Naturalrestitution direkt Geld für Wiederherstellung verlangen. Angefallene Umsatzsteuer ist nach § 249 II 2 BGB ersatzfähig.

BEISPIEL: Reparaturkosten; Arztkosten

cc) Entgangener Gewinn, § 252 BGB
Dass auch Vermögensschäden, die dadurch eingetreten sind, dass es zu einem Vermögenszuwachs nicht gekommen ist, zu ersetzen sind, stellt § 252 S. 1 BGB klar. Zur Erleichterung der Beweisführung dient § 252 S. 2 BGB i.V.m. § 287 ZPO (freie richterliche Überzeugung bei Schadensermittlung).

Rentabilitätsvermutung: Im Rahmen von gegenseitigen Verträgen, bei denen die Parteien Leistung und Gegenleistung als gleichwertig eingeordnet haben, ist davon auszugehen, dass sich im erwerbswirtschaftlichen Verkehr die erwerbsnotwendigen Kosten amortisiert hätten. Bleibt die Leistung aus, kommen solche Aufwendungen einem Schaden gleich.

Voraussetzungen:

1. Gegenseitiger Vertrag (Nicht: Schenkungsvertrag)
2. Geschäft zu erwerbswirtschaftlichen Zwecken (Nicht: ideelle Zwecke)
3. Nicht außer Verhältnis stehende Aufwendungen
4. Vertrauen des Gläubigers auf Durchführung des Vertrages
5. Keine Widerlegung der Rentabilität durch Umstände, die unmittelbar mit Vertrag zusammenhängen

Rechtsfolge: Ersatz der *unmittelbaren* Erwerbskosten über einen Schadensersatzanspruch statt der Leistung *(Kosten für Vertragsschluss; Übereignung, Maklercourtage, Erschließungskosten, Vermessungskosten, Steuer, Versicherung; Nicht: gastronomische Innenausstattung)*

BEISPIEL: K kauft von V ein Grundstück zur gewerbsmäßigen Bebauung für 400.000,- EUR und zahlt Notar- und Grundbuchgebühren sowie Grunderwerbssteuern i.H.v. insgesamt 40.000,- EUR. Als sich noch vor Gefahrübergang die Unbebaubarkeit herausstellt, wird der Kaufvertrag rückabgewickelt. K fragt sich nach Erhalt des Kaufpreises, ob er auf den Transaktionskosten i.H.v. 40.000,- EUR sitzen bleibt.

Lösung: K kann über einen Schadensersatz statt der Leistung (hier: § 311a II BGB) die Transaktionskosten ersetzt verlangen, weil vermutet wird, dass der Käufer die Aufwendungen zur Erlangung der Kaufsache durch den erwarteten Vorteil der Leistung wieder eingebracht hätte (Rentabilitätsvermutung).

b) Ersatz des Wertinteresses in Geld bei:

aa) Unmöglichkeit der Naturalrestitution (§ 251 I Alt. 1 BGB)

BEISPIEL: Irreparable Zerstörung einer individuell gefertigten Vase

bb) Sonstigen Werteinbußen (§ 251 I Alt. 2 BGB)

BEISPIEL: Niedrigerer Marktwert eines Pkw, weil er nach dem Unfall trotz vollständiger Reparatur nur noch als Unfallwagen weiterverkauft werden kann (Merkantiler Minderwert).

cc) Unverhältnismäßigem Aufwand (§ 251 II 1 BGB)
Bei unverhältnismäßigem Aufwand der Naturalrestitution oder Wiederherstellung bzw. Heilbehandlung kann der Schuldner den Gläubiger auch in Geld entschädigen.

BEISPIEL: Wirtschaftlicher Totalschaden eines Pkw nach einem Unfall.

[Anm.: Kostet die Pkw-Reparatur „nur" 130% des Wiederbeschaffungspreises, hat der Schuldner die Reparatur dennoch zu leisten (sog. Integritätszuschlag), wenn der Gläubiger die Reparatur auch tatsächlich vornimmt und das Fahrzeug zumindest noch sechs Monate hält.
Bei Heilbehandlungskosten für Tiere wird stets ein Integritätszuschlag gewährt, § 251 II 2 BGB.]

II. Immaterielle Schäden
Grundsätzlich sind Nichtvermögensschäden (immaterielle Schäden) nicht erstattungsfähig (§ 253 I BGB), da Schadensersatz keine pönalisierende Funktion hat. Ausnahmen:
- Schmerzensgeld, § 253 II BGB
  [Anm.: Als lex specialis zu beachten sind § 11 S. 2 StVG und § 8 S. 2 ProdHG]
- Nutzlos aufgewendete Urlaubszeit (§ 651u II BGB)
- Diskriminierung: innerbetrieblich (§ 15 II 1 AGG); sonstige (§ 21 II 3 AGG)
- Schmerzensgeldähnlich: rechtswidriger Eingriff in das Allgemeine Persönlichkeitsrecht (Art. 2 I i.V.m. Art. 1 GG).

III. Normativer Schaden

DEFINITION
Schadensposten wird als Korrektiv aufrechterhalten, um unbillige Entlastung des Schädigers zu vermeiden.

BEISPIEL: Drittschadensliquidation

BEISPIEL: Entgeltzahlung bei Verletzung eines Arbeitnehmers durch betriebsfremden Schädiger

[Fall: Schädiger S verletzt rechtswidrig und schuldhaft den AN, welcher bei AG angestellt ist. S begleicht nur die Heilbehandlungskosten, da er der Auffassung ist, AN hätte wegen der Entgeltfortzahlung des AG (§ 3 I 1 EGFZG) keinen Verdienstausfall erlitten. Kann AG bei S nach § 823 I BGB i.V.m. § 6 EGFZG Regress nehmen?]

Lösung: Es kann nur ein Schadensersatzanspruch auf AG übergehen, wenn auch der haftungsausfüllende Tatbestand eines solchen Anspruchs gegeben ist. Ein Schaden fehlt allerdings, wenn AN keinen Verdienstausfall erlitten hat, da er nach § 3 I 1 EFZG auch im Krankheitsfall weiter Lohn bezieht.

Nach den Grundsätzen des normativen Schadensbegriffs wird ein Schaden beim Arbeitnehmer künstlich aufrechterhalten, damit der Anspruch gegen den Schädiger zu Regresszwecken auf AG übergehen kann. AG kann bei S Regress nehmen.

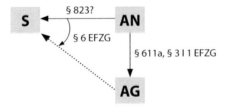

IV. Anspruchskürzung wegen Mitverschuldens

Während § 254 I BGB ein Mitverschulden des Geschädigten bei der Schadensentstehung regelt, hat § 254 II 1 BGB das Mitverschulden bei Schadensminimierung zum Gegenstand. Bei geschädigten Minderjährigen wird das Mitverschulden nur im Rahmen der jeweiligen Deliktsfähigkeit berücksichtigt (§ 828 BGB).

Gemäß § 254 II 2 BGB wird dem Geschädigten das Mitverschulden seines gesetzlichen Vertreters bei Schadensminimierung oder Schadensentstehung zugerechnet (§ 278 BGB). Insofern ist § 254 II 2 BGB als eigenständiger dritter Absatz zu lesen, der sich sowohl auf Abs. 2 S. 1 als auch auf Abs. 1 bezieht. Gemäß 278 BGB muss aber vor dem schädigenden Ereignis bereits ein Schuldverhältnis zwischen Kind und Schädiger bestanden haben, denn § 254 II 2 BGB stellt nach h.M. einen Rechtsfolgenverweis dar. An einem solchen fehlt es in deliktischen Fallkonstellationen häufig, sodass Mitverschulden von Hilfspersonen nur über § 831 BGB (Exkulpationsmöglichkeit!) zu berücksichtigen ist.

V. Weiterführende Probleme

- **Grundsätze der Vorteilsausgleichung:** Die auf Treu und Glauben (§ 242 BGB) beruhenden Grundsätzen der Vorteilsausgleichung gebieten es, dem Geschädigten in gewissem Umfang diejenigen Vorteile anzurechnen, die ihm in adäquatem Zusammenhang mit dem Schadensereignis bzw. dessen Wiedergutmachung zufließen. Es soll ein gerechter Ausgleich zwischen den bei einem Schadensfall widerstreitenden Interessen herbeigeführt werden. Der Geschädigte darf im Hinblick auf das schadensersatzrechtliche Bereicherungsverbot nicht bessergestellt werden, als er ohne das schädigende Ereignis stünde. Dabei sind nur diejenigen durch das Schadensereignis bedingten Vorteile auf den Schadensersatzanspruch anzurechnen, deren Anrechnung mit dem jeweiligen Zweck des Ersatzanspruchs übereinstimmt, das heißt dem Geschädigten zumutbar ist und den Schädiger nicht unangemessen entlastet. Vor- und Nachteile müssen bei wertender Betrachtungsweise gleichsam zu einer Rechnungseinheit verbunden sein.

> **BEISPIEL:** So werden etwa ersparte Aufwendungen für die häusliche Verpflegung während eines unfallbedingten Krankenhausaufenthalts (ca. 10 €) vom entgangenen Gewinn (§ 252 S. 1 BGB) in Abzug gebracht.

> **BEISPIEL:** Eine bereits verkratzte Autotür wird bei einem Unfall beschädigt und im Rahmen der Naturalrestitution durch eine kratzerfreie Tür ersetzt. Der Gläubiger muss bei der Schadensberechnung des Preises für die Tür den Wertverlust der Kratzer abziehen („Abzug neu für alt").

Allerdings scheidet eine Beteiligung des Käufers an den Kosten der Nachbesserung einer (gebrauchten) mangelhaften Kaufsache nach den Grundsätzen eines Abzugs „neu für alt" aus, wenn sich der Vorteil des Käufers darin erschöpft, dass die Kaufsache durch den zur Mangelbeseitigung erforderlichen Ersatz eines mangelhaften Teils durch ein neues Teil einen Wertzuwachs erfährt oder dass der Käufer durch die längere Lebensdauer des ersetzten Teils Aufwendungen erspart. Eine Beteiligung des Käufers an den Kosten der Nachbesserung würde dem europarechtlich gebotenen und in § 439 II BGB umgesetzten Grundsatz der Unentgeltlichkeit der Nacherfüllung widersprechen.

- Das Thema **„Weiterfressender Mangel"** ist kein Problem des Schadensrechts, sondern der Rechtsgutverletzung i.S.d. § 823 BGB (vgl. S. 81).
- Das Thema **„gestörte Gesamtschuld"** ist ein Problem der Anspruchskürzung bzw. der Regressmöglichkeit des nichtprivilegierten Schädigers (vgl. S. 86).
- Das Thema **„Mangelfolgeschaden"** ist ein Problem des Gewährleistungsrechts.
- Die **Abgrenzung von Schadensersatz statt der Leistung zu Schadensersatz neben der Leistung** ist eine Frage nach der richtigen Anspruchsgrundlage und keine des Schadensrechts.

BEREICHERUNGSRECHT

Das Bereicherungsrecht ist neben den Rückgewährschuldverhältnissen infolge Rücktritts (§§ 346 ff. BGB), Widerrufs (§§ 355, 357 ff. BGB) und dem Eigentümer-Besitzer-Verhältnis (§§ 985 ff. BGB) das nachrangige Rückabwicklungssystem im BGB. Es dient auch als Ausgleich divergierender Ergebnisse infolge konsequenter Einhaltung des Abstraktionsprinzips.

In der Prüfung sollten gedanklich erst die fünf Leistungskondiktionen und nachrangig die fünf Nichtleistungskondiktionen geprüft werden.

1. Teil: Leistungskondiktionen

PRÜFUNGSSCHEMA

GRUNDSCHEMA § 812 I 1 Alt. 1 BGB (condictio indebiti)

I. Anspruchsgegner hat etwas erlangt
II. Durch Leistung des Anspruchsstellers
III. Ohne materiell-rechtlichen Grund zum Behaltendürfen des Erlangten
IV. Kein Ausschluss, § 814 BGB oder analog § 817 S. 2 BGB
V. Rechtsfolge
   1. Herauszugeben ist grdsl. das Erlangte (I.)
   2. Zusätzlich: Nutzungen (§ 100 BGB) und dingliche Surrogate
   3. Einwendungen: Wertersatz bei unmöglicher Herausgabe (§ 818 II BGB)
   4. Entreicherungseinwand (§ 818 III BGB)
   5. Korrektur über Saldotheorie bzw. eingeschränkte Zweikondiktionenlehre
   6. Weitergehende Haftung nach §§ 819, 818 IV, 292, 989 BGB

SCHEMA MIT DEFINITIONEN UND PROBLEMÜBERSICHT
§ 812 I 1 Alt. 1 BGB (condictio indebiti)

I. Anspruchsgegner hat etwas erlangt

> **DEFINITION**
> Jeder vermögenswerte Vorteil.

> **P** Überblick vermögenswerter Vorteile i.S.d. § 812 I BGB

II. Durch Leistung des Anspruchsstellers

> **DEFINITION**
> Jede bewusste und zweckgerichtete Mehrung fremden Vermögens.

Leistungszweck i.S.d. § 812 I 1 Alt. 1 BGB entweder
   • Solvendi causa: Zur Erfüllung einer Verbindlichkeit oder

- Donandi causa: Zur Erfüllung einer Handschenkung (§ 518 II BGB).
- ⓟ Leistungsbewusstsein im Detail
- ⓟ Abgrenzung condictio indebiti zu condictio ob rem

III. **Ohne materiell-rechtlichen Grund zum Behaltendürfen des Erlangten**

BEISPIEL: Wirksamer Vertrag; echte berechtigte GoA

- ⓟ Wegfall des Rechtsgrunds nach Anfechtung
- ⓟ Einzelne Rechtsgründe

IV. **Kein Ausschluss, § 814 BGB, analog § 817 2 BGB oder § 675u S. 1 BGB**

- ⓟ Grenzen des § 814 BGB
- ⓟ Ausschluss nach § 675u S. 1 BGB

V. **Rechtsfolge**

1. Herauszugeben ist grdsl. das Erlangte (I.)
2. Zusätzlich: Nutzungen (§ 100 BGB) und dingliche Surrogate
3. Wertersatz bei Unmöglichkeit der Herausgabe (§ 818 II BGB)
4. Entreicherungseinwand (§ 818 III BGB)

> **DEFINITION**
> Der Kondiktionsgegenstand ist entreichert, wenn sich weder das Erlangte selbst noch dessen Wert im Vermögen des Schuldners befindet.

BEISPIEL: Luxusaufwendungen, die Empfänger ohne das Erlangte nicht getätigt hätte.

- ⓟ Aufgedrängte Bereicherung

Ausnahme: Ab verschärfter Haftung (§ 818 IV ggf. i.V.m. § 819 I BGB) ist der Entreicherungseinwand ausgeschlossen.

[Anm.: Verschärfte Haftung auch ab Kenntnis von der Anfechtbarkeit des rechtl. Grundes, § 142 II BGB]

- ⓟ Verschärfte Haftung Minderjähriger

5. ⓟ Korrektur über Saldotheorie bzw. eingeschränkte Zweikondiktionenlehre
6. Weitergehende Haftung nach §§ 819, 818 IV, 292, 989 BGB

DIE WICHTIGSTEN PROBLEME – LÖSUNGSANSÄTZE

ⓟ Überblick vermögenswerter Vorteile i.S.d. § 812 I BGB
Etwas Erlangtes kann sein:

- Dingliche Rechte
  BEISPIEL: Eigentum, Pfandrecht, Anwartschaftsrecht, Grunddienstbarkeit, dingliches Wohnrecht
- Obligatorische Rechte
  BEISPIEL: Forderung, Option, Vorkaufsrecht, § 463 BGB

- Tatsächliche Positionen
  BEISPIEL: Besitz, Grundbuchposition, Vormerkung
- Befreiung von einer Verbindlichkeit
  BEISPIEL: Schulderlass, § 397 BGB
- Immaterialgüterrechte
  BEISPIEL: Patent-, Marken-, Geschmacks- und Gebrauchsmusterrechte, Lizenzen und Persönlichkeitsgüterrechte
- Str.: Ersparte Aufwendungen durch Nutzungen, Dienst- und Gebrauchsvorteile?
  - BGH (vermögensorientierte Sicht): Etwas Erlangtes, kann jeder unmittelbar zugeflossene Vermögenswert sein, somit auch ersparte Aufwendungen.
    Kritik: Erst in der Rechtsfolge zu prüfen, um bei der Frage nach Entreicherung einer ggf. verschärften Haftung (§§ 819 I, 818 IV BGB) nicht vorzugreifen
  - H.L. (gegenstandsorientierte Sicht): Etwas Erlangtes kann alles sein, was auch geleistet werden kann, also nur Nutzungen, Dienst- und Gebrauchsvorteile selbst.

ⓟ Leistungsbewusstsein im Detail

Das Leistungsbewusstsein von Hilfspersonen kann analog § 166 BGB zugerechnet werden. Leistender ist, wer die Zuwendung mit einer rechtlichen Zwecksetzung versieht (sog. Tilgungsbestimmung). Das Leistungsbewusstsein fehlt nach h.M. bei Geschäftsunfähigen analog § 105 I BGB (a.A.: natürlicher Wille reicht aus). Bei beschränkt Geschäftsfähigen ist die Tilgungsbestimmung analog §§ 107, 111 BGB wirksam, da sie den Anspruch zum Erlöschen bringen kann und damit lediglich rechtlich vorteilhaft ist. Fehlendes Leistungsbewusstsein kann nach Ansicht des BGH bei öffentlichen Verkehrsmitteln ohne Zugangskontrollen durch einen generellen Leistungswillen ersetzt werden (a.A.: unzulässige Fiktion).

["Flugreise-Fall" (BGH, Urt. v. 07.01.1971 - VII ZR 9/70): Der 17-jährige B flog unbemerkt und ohne Flugticket mit einer nicht voll besetzten Linienmaschine der L von Hamburg nach New York. Kann L von B Vergütung für die Beförderung verlangen?]

<u>Lösung:</u> Ein Beförderungsvertrag (§§ 631, 632 II BGB) ist weder ausdrücklich noch konkludent zwischen B und L zustande gekommen (Die Lehre vom Vertragsschluss durch sozialtypisches Verhalten ist abzulehnen). Aufwendungsersatz (§§ 677, 683 S. 1, 670 BGB) kommt mangels (generellem) Fremdgeschäftsführungswillen nicht in Betracht. Ein Anspruch aus § 823 I BGB scheidet mangels Rechtsgutverletzung aus. Zwar liegt § 823 II BGB i.V.m. § 265a StGB tatbestandlich vor, allerdings fehlt es an einem ersatzfähigen Schaden (Kein § 252 BGB, denn B hätte sich kein Ticket gekauft). Wertersatz aus §§ 812 I 1 Alt. 1, 818 II BGB für den erlangten Beförderungsvorteil scheidet nach h.L. wegen fehlenden Leistungsbewusstseins aus (anders der BGH, der bei der Beförderung von Passagieren in öffentlichen Transportmitteln wie Zug oder Flugzeug generellen Leistungswillen annahm). Tatbestandlich liegt sodann die Eingriffskondiktion (§§ 812 I 1 Alt. 2, 818 II BGB) vor. Ob sich B auf Entreicherung (§ 818 III BGB) berufen kann, hängt davon ab, wann Minderjährige verschärft haften (vgl. Streit S. 106).

Abgrenzung condictio indebiti zur condictio ob rem

Die Abgrenzung findet nach den objektiv erkennbaren Erwägungen des Leistenden statt: Scheint es so, als würde der Leistende glauben, ein Rechtsgrund bestünde, dann ist Leistungszweck solvendi causa und der richtige Konditionsanspruch die condiction indebiti gem. § 812 I 1 Alt. 1 BGB.

Scheint es dagegen so, als würde der Leistende wissen, dass Rechtsgrund nicht besteht, kommt es für Rückforderung auf die Wirksamkeit der Zweck-Grund-Abrede an. Ist die Abrede nichtig (analog §§ 134, 138 BGB), liegt nach h.L. ein Fall von § 817 S. 1 BGB vor (nach a.A. daneben noch § 812 I 2 Alt. 2 BGB anwendbar). Ist die Abrede wirksam, findet § 812 I 2 Alt. 2 BGB Anwendung. (Beispielsfall vgl. ⓟ Zahlung auf formnichtigen Grundstückskaufvertrag zwecks Heilung, S. 109)

Wegfall des Rechtsgrunds nach Anfechtung

Nach h.M. ist die Anfechtung des Rechtsgrundes wegen der ex-tunc Wirkung wie das anfängliche Fehlen des Rechtsgrundes und damit als Fall des § 812 I 1 Alt. 1 BGB zu behandeln. (nach a.A. Fall des § 812 I 2 Alt. 1 BGB – dann ist die Anfechtung aber auch unter „Anspruch erloschen" zu verorten). Eine Ausnahme besteht bei der Anfechtung in Gang gesetzter Dauerschuldverhältnisse, wo die Anfechtung bloß ex nunc wirkt, was auch nach h.M. zur Anwendung des § 812 I 2 1. Fall BGB führt.

Ergebnisrelevant ist der Streit, wenn der Tatbestand des § 814 BGB erfüllt ist, der nur bei § 812 I 1 Alt. 1 BGB Anwendung findet.

Einzelne Rechtsgründe

- Wirksame Verträge
- Echte berechtigte GoA, §§ 677, 683 S. 1 BGB
- Gesetzliche Schuldverhältnisse, wenn zu ihrer Erfüllung geleistet wurde
- Naturalobligationen, § 762 I 2 und § 656 I 2 BGB
- Lieferung unbestellter Leistungen, § 241a I, II BGB (h.M.)
- Gewinnzusagen von Unternehmern an Verbraucher, § 661a BGB
- Geschäfte des täglichen Lebens volljähriger Geschäftsunfähiger, § 105a BGB
- Genehmigung des echten Gläubigers nach Zahlung an den falschen Gläubiger

Grenzen des § 814 BGB

Erfolgt die Leistung unter Vorbehalt der Rückforderung, so kann trotz Kenntnis von der Anfechtbarkeit (§ 142 II BGB) oder vom Fehlen des Rechtsgrundes nach § 812 I 1 Alt. 1 BGB zurückgefordert werden. Allerdings tritt bei Vorbehaltsleistung noch keine Erfüllungswirkung ein, sodass der Leistungsgläubiger ggf. fordern kann, die Leistung für vorbehaltslos erklären zu lassen.

Daneben ist die Wirkung des § 814 BGB auch bei Tatsachen und Rechtsirrtum ausgeschlossen.

Ausschluss nach § 675u S. 1 BGB

Hat der Zahler den Zahlungsauftrag nicht autorisiert, kann die Bank ihre Aufwendungen weder nach §§ 675c, 670 BGB noch nach § 812 I BGB vom Kunden fordern. Ihr steht aber ein Anspruch aus § 812 I 1 Alt. 2 BGB gegen den Zahlungsempfänger zu (vgl. auch „3. Teil: Rückabwicklung in Mehrpersonenverhältnissen" S. 118).

Bereicherungsrecht 107

Ⓟ Aufgedrängte Bereicherung
Eine Bereicherung ist aufgedrängt, wenn sie zwar objektiv vermögensmehrend wirkt, vom Bereicherungsschuldner allerdings unerwünscht ist.

[Fall (BGH, Urt. v. 21.12.1956 - V ZR 110/56): Pächter eines Grundstücks errichtet vertragswidrig ein großes Bauwerk und verlangt nach Pachtende vom Eigentümer Wertersatz.]

Wurde die Bereicherung dem Schuldner aufgedrängt, ist er nicht oder nur eingeschränkt wertersatzpflichtig, wenn er die Vermögensmehrung nicht realisiert. Dogmatisch wird dies teilweise mit einer subjektiven Beurteilung der Entreicherung (§ 818 III BGB), teilweise mit einer teleologischen Reduktion des § 818 II BGB begründet. Mitunter wird auch nur dem gutgläubigen Kondiktionsgläubiger ein Anspruch zugestanden. Schließlich kann dem Kondiktionsgläubiger ein Gegenanspruch des Kondiktionsschuldners einredeweise entgegengehalten werden (im Beispielfall: §§ 1004 und 823 I BGB). (Zur aufgedrängten Verwendungen im EBV vgl. S. 74)

Ⓟ Verschärfte Haftung Minderjähriger

e.A.	a.A.	h.L.	BGH
§ 828 III analog Kenntnis des Minderjährigen maßgebl., sobald einsichtsfähig.	§ 166 analog Allein Kenntnis des gesetzl. Vertreters maßgebl.	Differenzierung: 1) Leistungskondiktion: **§ 166 analog** Arg.: Nähe zum Vertragsrecht 2) Eingriffskondiktion: **§ 828 III analog** Arg.: Nähe zum Deliktsrecht	Jedenfalls Haftung des deliktsfähigen Minderjährigen, wenn Vermögensvorteil durch **vorsätzlich unerlaubte Handlung** erlangt.

Ⓟ Korrektur über Saldotheorie oder eingeschränkte Zweikonditionenlehre
Die Saldotheorie ist Einwand gegen den Kondiktionsanspruch und somit in der Rechtsfolge zu prüfen. Voraussetzung ist, dass wechselseitige Kondiktionsansprüche aus einem ursprünglich gewollten, aber nichtigen, gegenseitigen Vertrag stammen (faktisches Synallagma):

Ausgeschlossen ist die Saldotheorie bei Arglist, Vorleistungspflicht oder verschärfter Haftung des Kondiktionsgläubigers, sowie bei Minderjährigkeit des Kondiktionsschuldners. Die Saldotheorie hat im Wesentlichen drei Auswirkungen:

- Bei ungleichartigen Bereicherungsansprüchen (z.B. Rückzahlung Kaufpreis gegen Rückgabe Sache) bewirkt die Saldotheorie eine Zug-um-Zug-Verurteilung, ohne dass es der Einredeerhebung des § 273 I BGB bedarf.
- Bei gleichartigen Bereicherungsansprüchen (z.B. Rückzahlung Kaufpreis gegen Wertersatz) findet eine automatische Saldierung der Ansprüche statt, ohne dass es einer Aufrechnungserklärung (§ 388 BGB) bedarf.
- Bei Entreicherung des Sachschuldners muss sich dieser die Höhe der Entreicherung von der Höhe seines eigenen Kondiktionsanspruchs abziehen lassen.

[Anm.: Die eingeschränkte Zweikondiktionenlehre schließt den Entreicherungseinwand (§ 818 III BGB) aus, wenn der Sachschuldner nicht die Sorgfalt, die er in eigenen Angelegenheiten anzuwenden pflegt, beachtet (vgl. § 346 III 1 Nr. 3 BGB). Vorteil: Ein faktisches Synallagma ist nicht erforderlich.]

Kritik an der Saldotheorie: Verstoß gegen Prozessmaximen [Beibringungsgrundsatz (§ 138 ZPO) und Dispositionsmaxime (§ 308 I ZPO)], sodass eine Lösung nach dem Gesetzeswortlaut vertreten wird (Zweikondiktionenlehre). Für die Saldotheorie spricht dogmatisch das Bedürfnis nach der Fortwirkung des Synallagmas in der bereicherungsrechtlichen Rückabwicklung und praktisch die Vermeidung von Folgeprozessen (Prozessökonomie).

SCHEMA § 812 I 2 Alt. 1 BGB (condictio ob causam finitam)

I. Anspruchsgegner hat etwas erlangt
II. Durch Leistung des Anspruchsstellers
   [Anm: Leistungszweck: solvendi causa oder donandi causa]
III. Späterer Wegfall des rechtlichen Grundes
   ⓟ Fälle des späteren Rechtsgrundwegfalls
IV. Kein Ausschluss analog § 817 2 BGB
V. Rechtsfolge
   1. Herauszugeben ist grdsl. das Erlangte (I.)
   2. Zusätzlich: Nutzungen (§ 100 BGB) und dingliche Surrogate
   3. Einwendungen: Wertersatz bei unmöglicher Herausgabe (§ 818 II BGB)
   4. Entreicherungseinwand (§ 818 III BGB)
   5. Korrektur über Saldotheorie bzw. eingeschränkte Zweikondiktionenlehre
   6. Weitergehende Haftung nach §§ 819, 818 IV, 292, 989 BGB

SCHEMA § 812 I 2 Alt. 2 BGB (condictio ob rem)

ⓟ Abgrenzung zu Störung der Geschäftsgrundlage, § 313 BGB

I. Anspruchsgegner hat etwas erlangt
II. Durch Leistung
   Leistungszweck i.S.d. § 812 I 2 Alt. 2 BGB: Leistung, um den Empfänger zu einem nicht geschuldeten, aber rechtlich erheblichen Verhalten zu bewegen (causa data, causa non secuta).
III. Nichteintritt des mit der Leistung bezweckten Erfolges
   1. Zweck-Grund-Abrede

   DEFINITION
   Der Leistungsempfänger muss die Erwartung des Leistenden zumindest erkennen und billigen.

   ⓟ Zahlung auf formnichtigen Grundstückskaufvertrag zwecks Heilung

   2. Nichteintritt

   ⓟ Zweckverfehlung bei gemeinschaftsbezogenen Zuwendungen in einer nichtehelichen Lebensgemeinschaft
IV. Kein Ausschluss nach § 815 BGB oder analog § 817 S. 2 BGB

V. Rechtsfolge
1. Herauszugeben ist grdsl. das Erlangte (I.)
2. Zusätzlich: Nutzungen (§ 100 BGB) und dingliche Surrogate
3. Einwendungen: Wertersatz bei unmöglicher Herausgabe (§ 818 II BGB)
4. Entreicherungseinwand (§ 818 III BGB)
5. Korrektur über Saldotheorie bzw. eingeschränkte Zweikondiktionenlehre
6. Weitergehende Haftung nach §§ 819, 818 IV, 292, 989 BGB

DIE WICHTIGSTEN PROBLEME – LÖSUNGSANSÄTZE

℗ Fälle des späteren Rechtsgrundwegfalls
Der rechtliche Grund für das Behaltendürfen des Erlangten kann insbesondere bei Eintritt einer auflösenden Bedingung (§ 158 II BGB), durch Aufhebungsvertrag, Widerruf eines Schenkungsvertrags (§ 531 II BGB), bei Anfechtung in Vollzug gesetzter Dauerschuldverhältnisse *(Bsp.: Arbeitsvertrag)* und Leistungsaustausch vor fristloser Kündigung (§§ 626, 627, 628 I 3 Alt. 2 BGB) nachträglich entfallen.

℗ Abgrenzung zur Störung der Geschäftsgrundlage, § 313 BGB
Bei § 313 BGB bedarf es *Umstände*, die nicht Vertragsinhalt geworden sind während es bei § 812 I 2 Alt. 2 BGB einer tatsächlichen *Einigung* über den Zweck der Leistung bedarf, wobei die Leistung nach Willen der Beteiligten von der Zweckerreichung abhängig sein soll.

℗ Zahlung auf formnichtigen Grundstückskaufvertrag zwecks Heilung
[Fall: K und V einigen sich über den Grundstücksverkauf für 500.000 €. Zur Steuervermeidung lassen die Parteien im notariell nur einen Kaufpreis von 300.000 € beurkunden. Nachdem K den Restbetrag bar bezahlt hat, verweigert V auf einmal die Auflassung zu erklären. Kann K Rückzahlung der 500.000 € verlangen?]
Lösung: Weder ist ein Kaufvertrag über 300.000 € zustande gekommen (§ 117 I BGB), noch über 500.000 € (Formnichtigkeit § 311b I 1 BGB und keine Heilung mangels Auflassung). Erkennbarer und von V zunächst gebilligter Zweck der Zahlung des K war die Herbeiführung der Heilung des Formmangels (§ 311b I 2 BGB). Nach Nichteintritt des Zwecks kann K von V nach § 812 I 2 Alt. 2 BGB kondizieren.

℗ Zweckverfehlung bei gemeinschaftsbezogenen Zuwendungen in einer nichtehelichen Lebensgemeinschaft
[„Abwicklung der nichtehelichen Lebensgemeinschaft" (BGH, Urt. v. 09.07.2008 - XII ZR 179/05): M und F lebten in einer nichtehelichen Lebensgemeinschaft. In dieser Zeit erwarb F ein Grundstück, das mit einem Anwesen bebaut wurde, worin das Paar lebte. Zur Realisierung des Bauvorhabens trug M mit 80.000 € bei, nachdem F ihm eine lebenslange Wohnmöglichkeit zusagte. Nach vier Jahren kommt es zu Spannungen in der Beziehung und F fordert M zur Räumung ihrer Wohnung auf. M zieht aus und verlangt Rückzahlung der 80.000 €. Zu Recht?]
Lösung: Für die Zweckvereinbarung i.S.d. § 812 I 2 Alt. 2 BGB genügt keine nur einseitige Vorstellung. Eine stillschweigende Übereinkunft kann aber angenommen werden, wenn der eine Teil mit seiner Leistung einen Erfolg bezweckt hat und der andere Teil dies erkannt und die Leistung entgegengenommen hat, ohne zu widersprechen (Hier: Begründung eines lebenslangen Wohnrechts). Dieser Zweck hat sich bis zur Trennung nur teilweise realisiert und kann insofern kondiziert werden.

© Jura Intensiv Verlags UG & Co. KG

SCHEMA § 813 BGB (condictio indebiti)

I. Anspruchsgegner hat etwas erlangt

II. Durch Leistung des Anspruchsstellers

   [Anm: Leistungszweck: solvendi causa]

III. Dem Anspruch des Anspruchsgegners stand dauernde Einrede entgegen

   BEISPIEL: §§ 275 II, III, 821 BGB oder dolo agit (§ 242) BGB

IV. Kein Ausschluss nach § 813 II BGB oder analog § 817 2 BGB

V. Rechtsfolge

   1. Herauszugeben ist grdsl. das Erlangte (I.)
   2. Zusätzlich: Nutzungen (§ 100 BGB) und dingliche Surrogate
   3. Einwendungen: Wertersatz bei unmöglicher Herausgabe (§ 818 II BGB)
   4. Entreicherungseinwand (§ 818 III BGB)
   5. Korrektur über Saldotheorie bzw. eingeschränkte Zweikondiktionenlehre
   6. Weitergehende Haftung nach §§ 819, 818 IV, 292, 989 BGB

SCHEMA § 817 S. 1 BGB (condictio ob turpem vel iniustam causam)

P Anwendungsbereich des § 817 S. 1 BGB

I. Anspruchsgegner hat etwas erlangt

II. Durch Leistung des Anspruchsstellers

   [Anm.: Leistungszweck: solvendi causa, donandi causa oder causa data, causa non secuta]

III. Leistungsannahme verstößt gegen gesetzliches Verbot oder die guten Sitten

IV. Kein Ausschluss gem. § 817 S. 2 BGB.

   P Teleologische Reduktion des § 817 S. 2 BGB

   P Ohne-Rechnung-Abrede (Schwarzarbeit)

V. Rechtsfolge:

   1. Herauszugeben ist grdsl. das Erlangte (I.)
   2. Zusätzlich: Nutzungen (§ 100 BGB) und dingliche Surrogate
   3. Einwendungen: Wertersatz bei unmöglicher Herausgabe (§ 818 II BGB)
   4. Entreicherungseinwand (§ 818 III BGB)
   5. Korrektur über Saldotheorie bzw. eingeschränkte Zweikondiktionenlehre
   6. Weitergehende Haftung nach §§ 819, 818 IV, 292, 989 BGB

DIE WICHTIGSTEN PROBLEME – LÖSUNGSANSÄTZE

ⓟ Anwendungsbereich des § 817 S. 1 BGB

Umstritten ist, ob § 817 S. 1 BGB ein Auffangtatbestand ist, der nur dann greift, wenn:

- § 812 I 1 Alt. 1 BGB an § 814 BGB scheitert oder
- nur der Bereicherte gegen das Verbotsgesetz nach § 134 BGB verstoßen hat und der Vertrag damit wirksam ist und einen Rechtsgrund darstellt oder
- ein Rechtsgrund für § 812 I 1 Alt. 1 BGB aufgrund einer Schenkung besteht, die Annahme des Geschenks aber gegen § 331 StGB verstößt oder
- § 812 I 2 Alt. 2 BGB an § 815 BGB scheitert.

[Anm.: Daher § 817 S. 1 BGB als letzte der Leistungskondiktionen prüfen]

ⓟ Teleologische Reduktion des § 817 S. 2 BGB

Wenn Verbotsgesetz gerade zum Schutz des Leistenden erlassen worden ist und der Ausschlussgrund des § 817 S. 2 BGB somit den verbots- bzw. sittenwidrigen Zustand aufrechterhalten würde, wird § 817 S. 2 BGB teleologisch reduziert. Umstritten bei der Rückforderung von Online-Casino-Spielverlusten. Mangels Konzession (§ 4 Abs. 4 GlüStV 2012) waren die Spielverträge gem. § 134 BGB nichtig und die Anbieter müssen die Verluste erstatten. Fraglich ist, ob der Rückforderungsanspruch aus § 812 I 1 Alt. 1 BGB wegen § 817 S. 2 BGB ausgeschlossen ist, wenn der Spieler (leicht) fahrlässige Unkenntnis von dem konzessionslosen Angebot hatte. Auf diese Tatfrage käme es im Ergebnis nicht an, wenn § 817 S. 2 BGB infolge teleologischer Reduktion in dieser Fallgruppe unanwendbar wäre. Hierfür spricht, dass die in § 1 GlüStV (2012) genannten Schutzzwecke innerhalb der Leistungskondiktion nicht dadurch konterkariert werden dürfen, dass der durch sie zu verhindernde sittenwidrige Zustand über § 817 S. 2 BGB perpetuiert wird (für eine teleologische Reduktion: OLG München, Beschl. v. 20.9.2022 - 18 U 538/22 und OLG Köln, Beschl. v. 30.11.2023 - 19 U 92/23; dagegen: OLG Hamm, Urt. v. 21.3.2023 - 21 U 116/21; bislang offengelassen von BGH, Beschl. v. 22.3.2024 - I ZR 88/23).

Im Übrigen kann der Ausschlussgrund des § 817 S. 2 BGB auch aus Billigkeitsgründen (§ 242 BGB) ausnahmsweise gesperrt sein.

BEISPIEL: Vorteilsnahme, § 331 StGB (nur Beamter strafbar - daher kein § 134 BGB); Schenkkreise (Sonst bleiben Initiatoren von Schneeballsystemen privilegiert).

Keine Sperrung des § 817 S. 2 BGB, aber diskussionswürdig: Zahlung auf gesetzes- und sittenwidrigen Titelerwerb (§ 132 StGB).

ⓟ Ohne-Rechnung-Abrede („Schwarzarbeit")

[„Schwarzarbeiter-Fall" (BGH, Urt. v. 10.4.2014 - VII ZR 241/13 und BGH, Urt. v. 11.6.2015 – VII ZR 216/14): Werkunternehmer W erledigt Elektroinstallationen in Häusern des B, wobei B und W in Kenntnis der Rechtslage Barzahlung ohne Rechnung vereinbarten. Vergütungsanspruch W, wenn B sich nach Vertragsschluss entschließt, nicht zu zahlen?]

Lösung:

- § 631 BGB (-): Werkvertrag unwirksam (§ 134 BGB i.V.m. § 1 SchwarzArbG)
- §§ 677, 683 S. 1, 670 BGB (-): (vgl. S. 7)
- § 812 I 1 Alt. 1 BGB (-): Keine Leistung bzw. § 814 BGB (W kennt Rechtslage)

- § 812 I 2 Alt. 2 BGB (-): Ausschluss analog § 817 S. 2 BGB
- § 817 1 BGB (-): Ausschluss nach § 817 S. 2 BGB (keine teleologische Reduktion)
- § 823 II BGB i.V.m. § 263 StGB bzw. § 370 AO (-): B war urspr. zahlungsbereit
- § 826 BGB (-): B war urspr. zahlungsbereit

Zur Bekämpfung der Schwarzarbeit tragen beide Parteien das Risiko: Werkunternehmer bzgl. Vergütung - Besteller bzgl. fehlender Gewährleistung und Folgeschäden. Eine einmal gezahlte Vergütung kann jedoch auch nicht mehr zurückgefordert werden. Nichts Anderes kann bei *nachträglich* getroffener Ohne-Rechnung-Abrede gelten. Ein Anspruch des Werkunternehmers gegen den (Mit-)Hauseigentümer aus §§ 951 I 1, 812 I 1 Alt. 2, 818 II BGB scheitert am Vorrang der Leistungsbeziehung bzw. an § 817 S. 2 BGB analog.

2. Teil: Nichtleistungskondiktionen

PRÜFUNGSSCHEMA

SCHEMA § 816 I 1 BGB (ENTGELTLICHE VERFÜGUNG EINES NICHTBERECHTIGTEN)

I. **Verfügung eines Nichtberechtigten (= Anspruchsgegner)**

DEFINITION
Verfügung ist jedes Rechtsgeschäft, durch welches auf ein Recht unmittelbar eingewirkt wird (aufgehoben, übertragen, inhaltl. verändert, belastet).

[Anm: Zur Verfügungsberechtigung vgl. Mobiliarsachenrecht 1. Teil: Rechtsgeschäftlicher Erwerb beweglicher Sachen S. 14 ff.]

II. **Entgeltlichkeit des der Verfügung zugrundeliegenden Kausalgeschäfts**
   - ❓ Gemischt untentgeltlich-entgeltliche Verfügungen

III. **Wirksamkeit der Verfügung ggü. dem Berechtigten (= Anspruchssteller)**
   - Wirksamkeit kraft Gesetzes (§§ 932 ff., 892 ff., 1207, 2366 f. BGB, § 366 HGB)
   - Wirksamkeit kraft rechtsgeschäftlicher Genehmigung, § 185 II 1 Var. 1 BGB

IV. **Rechtsfolge:**
   1. **Herausgabe des aus der Verfügung Erlangten vom Verfügenden**
      - ❓ Was ist das „aus der Verfügung Erlangte"? i.S.d. § 816 I 1 BGB
   2. **Zusätzlich: Nutzungen (§ 100 BGB) und dingliche Surrogate**
   3. **Einwendungen: Wertersatz bei unmöglicher Herausgabe (§ 818 II BGB)**
   4. **Entreicherungseinwand (§ 818 III BGB)**
      - ❓ Keine Entreicherung i.H.d. gezahlten Kaufpreises
   5. **Weitergehende Haftung nach §§ 819, 818 IV, 292, 989 BGB**

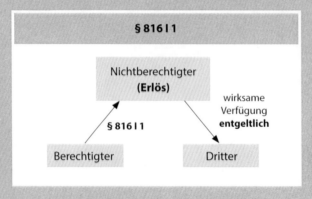

Bereicherungsrecht 115

PRÜFUNGSSCHEMA

SCHEMA § 816 I 2 BGB (UNENTGELTLICHE VERFÜGUNG EINES NICHTBERECHTIGTEN)

I. **Verfügung eines Nichtberechtigten (Erwerber ist Anspruchsgegner)**
   Definition Verfügung (s.o.)

II. **Un**entgeltlichkeit des der Verfügung zugrundeliegenden Kausalgeschäfts
   🅟 Gemischt unentgeltlich-entgeltliche Verfügungen

III. **Wirksamkeit der Verfügung ggü. dem Berechtigten (= Anspruchssteller)**
   - Wirksamkeit kraft Gesetzes (§§ 932 ff., 892 ff., 1207, 2366 f. BGB, § 366 HGB)
   - Wirksamkeit kraft rechtsgeschäftlicher Genehmigung, § 185 II 1 Var. 1 BGB

IV. **Rechtsfolge:**
   1. **Herausgabe des Erlangten** *vom Erwerber* (Durchgriffskondiktion)
   2. **Zusätzlich:** Nutzungen (§ 100 BGB) und dingliche Surrogate
   3. **Einwendungen:** Wertersatz bei unmöglicher Herausgabe (§ 818 II BGB)
   4. **Entreicherungseinwand (§ 818 III BGB)**
   5. **Weitergehende Haftung nach §§ 819, 818 IV, 292, 989 BGB**

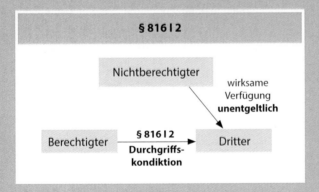

PRÜFUNGSSCHEMA

SCHEMA § 816 II BGB (BEFREIENDE LEISTUNG AN NICHTEMPFANGSBERECHTIGTEN)

I. Leistung an einen Nichtempfangsberechtigten
II. Dem Berechtigten ggü. wirksam (schuldbefreiende Wirkung)
   ⓟ Fallgruppen schuldbefreiender Leistung an Nichtempfangsberechtigten
III. Rechtsfolge:
   1. Herausgabe des Erlangten vom Leistungsempfänger
   2. Zusätzlich: Nutzungen (§ 100 BGB) und dingliche Surrogate
   3. Einwendungen: Wertersatz bei unmöglicher Herausgabe (§ 818 II BGB)
   4. Entreicherungseinwand (§ 818 III BGB)
   5. Weitergehende Haftung nach §§ 819, 818 IV, 292, 989 BGB

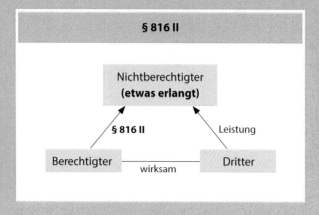

SCHEMA § 822 BGB (ENTREICHERUNG INFOLGE UNENTGELTLICHER ZUWENDUNG)

I. Anspruchssteller hat Kondiktionsanspruch gegen Zuwendenden
II. Unentgeltliche Zuwendung an den Empfänger (= Anspruchsgegner)
III. Dadurch Entreicherung bei Zuwendenden (§ 818 III BGB)
   [Anm.: Kein Entreicherungseinwand bei verschärfter Haftung, § 818 IV BGB]
   Ⓟ Keine Entreicherung bei Ersparnis eigener Aufwendungen
   Ⓟ Analoge Anwendung des § 822 BGB bei Vermögenslosigkeit
IV. Rechtsfolge:
   1. Herausgabe des Erlangten vom Empfänger (Durchgriffskondiktion)
   2. Zusätzlich: Nutzungen (§ 100 BGB) und dingliche Surrogate
   3. Einwendungen: Wertersatz bei unmöglicher Herausgabe (§ 818 II BGB)
   4. Entreicherungseinwand (§ 818 III BGB)
   5. Weitergehende Haftung nach §§ 819, 818 IV, 292, 989 BGB

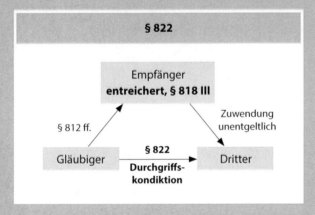

PRÜFUNGSSCHEMA

SCHEMA § 812 I 1 Alt. 2 BGB (ALLGEMEINE NICHTLEISTUNGSKONDIKTION)

[Anm.: Die Allg. Nichtleistungskondiktion ist subsidiär ggü. den §§ 816, 822 BGB.]

I. Anspruchsgegner hat etwas erlangt

[Anm.: Alle bei § 812 I 1 Alt. 1 BGB genannten Vermögenswerte]

II. In sonstiger Weise auf Kosten des Anspruchsstellers

   1. In sonstiger Weise

> **DEFINITION**
> Etwas wurde in sonstiger Weise erlangt, wenn es weder durch Leistung des Anspruchsstellers noch die eines Dritten zugewendet wurde.

   2. Eingriff in den Zuweisungsgehalt eines fremden Rechts

> **DEFINITION**
> Zuweisungsgehalt bezeichnet die wirtschaftliche Nutzungs- und Verwertungsbefugnis. Der Eingriffsbegriff ist weit zu verstehen.

III. Ohne materiell-rechtlichen Grund zum Behaltendürfen

[Anm.: Alle bei § 812 I 1 Alt. 1 BGB genannten Rechtsgründe]

🅿 Weitere Rechtsgründe im Rahmen vom § 812 I 1 Alt. 2 BGB

IV. Rechtsfolge:

   1. Herausgabe des Erlangten vom Empfänger

   2. Zusätzlich: Nutzungen (§ 100 BGB) und dingliche Surrogate

   3. Einwendungen: Wertersatz bei unmöglicher Herausgabe (§ 818 II BGB)

   4. Entreicherungseinwand (§ 818 III BGB)

   5. Weitergehende Haftung nach §§ 819, 818 IV, 292, 989 BGB

DIE WICHTIGSTEN PROBLEME – LÖSUNGSANSÄTZE

🅿 **Was ist das „aus der Verfügung Erlangte" i.S.d. § 816 I 1 BGB**

H.M. „Synallagmatischer Erlösbegriff": Erlangt wird der aus der Verfügung erzielte Erlös *(Bsp.: Kaufpreis)*, denn die Gegenleistung steht dem Berechtigten zu. Bei erzieltem Übererlös ist dieser, bei Erlös unter Marktwert des Gegenstandes ist auch nur der Minderlös herauszugeben.

A.A.: „Enger Erlösbegriff": Erlangt sei nur die Befreiung von der der Verfügung zugrundeliegenden Verbindlichkeit (als Wertersatz, § 818 II BGB). Der Wert der Verbindlichkeit richte sich nach dem objektiven Wert der Sache, denn die Gegenleistung richtet sich nach dem Verhandlungsgeschick des Verfügenden. Ein Mehrerlös sei nur bei Vorsatz über die angemaßte Eigengeschäftsführung (§§ 687 II 1, 681 S. 2, 667 BGB) herauszugeben (vgl. S. 12).

ⓟ Keine Entreicherung i.H.d. gezahlten Kaufpreises
Der Bereicherungsschuldner kann sich nicht in Höhe des für das Erlangte gezahlten Kaufpreises auf Entreicherung berufen. In § 816 I BGB setzt sich als Rechtsfortwirkungsanspruch die Wertung des § 985 BGB fort. Im EBV kann ein Kaufvertrag mit einem zum Besitz Nichtberechtigten wegen der Relativität der Schuldverhältnisse ebenfalls nicht dem Eigentümer entgegengehalten werden.

ⓟ Gemischt unentgeltlich-entgeltliche Verfügungen
Nach Ansicht des BGH wird bei gemischt unentgeltlich-entgeltlichen Verfügungen *(Bsp.: Hengst im Wert von 200.000 € wird vom Nichtberechtigten zum verminderten „Freundschaftspreis" von 80.000 € weiterveräußert)* nach dem Schwerpunkt beurteilt, ob eine Schenkung oder ein Kauf vorliegt. Ist vom Gesamtcharakter eine unentgeltliche Verfügung anzunehmen, greift § 816 I 2 BGB für die ganze Verfügung.

In der Lit. wird die „Sekt-oder-Selters-Lösung" kritisiert und hinsichtlich des entgeltlichen Teils § 816 I 1 BGB und hinsichtlich des unentgeltlichen Teils §§ 816 I 2, 818 II BGB angewandt. Verfügender und Erwerber haften dem Berechtigten als Teilschuldner (§ 420 BGB).

ⓟ Fallgruppen schuldbefreiender Leistung an Nichtempfangsberechtigten
Wirksamkeit kraft Gesetzes: etwa 407 ff. BGB, § 808 I BGB (Sparbuch), § 851 BGB, § 893 Var. 1 BGB, § 2367 Var. 2 BGB, § 836 II ZPO, § 354a I 2 HGB, wenn der Schuldner an Zedenten befreiend leistet.
- Wirksamkeit kraft rechtsgeschäftlicher Genehmigung gem. § 362 II i.V.m. § 185 II 1 Var. 1 BGB *[Anm.: Die Genehmigung ist allerdings unwirksam, wenn der Insolvenzmasse durch sie eine Forderung entzogen würde].*

ⓟ Keine Entreicherung bei Ersparnis eigener Aufwendungen
Hat der Beschenkte durch Erhalt der unentgeltlichen (schenkweise) Zuwendung eigene Aufwendungen erspart, weil er den Gegenstand ohnehin käuflich erwerben wollte, ist er, wenn er das schenkweise ihm Zugewendete einem Vierten schenkweise zuwendet, nicht gem. § 818 III BGB entreichert.

ⓟ Weitere Rechtsgründe im Rahmen von § 812 I 1 Alt. 2 BGB
Folgende kommen neben den bei § 812 I 1 Alt. 1 BGB genannten hinzu:
- Pfandrechte sind wegen der dinglichen Surrogation gemäß § 1247 S. 2 BGB Gründe zum Behaltendürfen.
- Gesetzlicher Eigentumserwerb, §§ 946 - 950 BGB: Wegen § 951 I 2 BGB darf der Bereicherte das Eigentum nur gegen Entschädigung behalten, wenn der Bereicherte nicht kondiktionsfest erworben hat.
- Zuschlag, 90 I ZVG
- Hoheitsakte gem. § 817 II ZPO, § 825 ZPO oder § 1568b BGB
- Vermächtnis gem. §§ 1939, 2147 BGB

Rückabwicklung in Mehrpersonenverhältnissen

[Anm.: Prüfungsort unter „Leistung" (bei § 812 I 1 Alt. 1 BGB) oder „in sonstiger Weise" (bei § 812 I 1 Alt. 2 BGB)].

Grundsätzlich: Vorrang der Abwicklung anhand der Leistungsbeziehungen (g.h.M.: Leistung aus objektiviertem Empfängerhorizont bestimmen, analog §§ 133, 157 BGB) - Subsidiarität der allgemeinen Nichtleistungskondiktion.

Aber: „Bei der bereicherungsrechtlichen Behandlung von Vorgängen, an denen mehr als zwei Personen beteiligt sind, verbietet sich jede schematische Lösung. Es sind stets in erster Linie die Besonderheiten des einzelnen Falles für die sachgerechte bereicherungsrechtliche Abwicklung derartiger Vorgänge zu beachten." (BGH, Urt. v. 18.10.1973 - VII ZR 8/73). Im Folgenden werden die klausurrelevantesten Ausnahmen, in denen außerhalb von § 816 I 2 und § 822 BGB eine Direktkondiktion angenommen wurde, vorgestellt:

A. Einbau- und Verarbeitungsfälle (§ 946 ff. BGB)

Direktkondiktion des früheren Eigentümers gegen den Erwerber nach §§ 946 ff. BGB nach §§ 951 I 1, 812 I 1 Alt. 2 BGB, wenn der Erwerber bei einem gedachten rechtsgeschäftlichen Erwerb *nicht* gutgläubig hätte erwerben können (Wertungen der §§ 932, 935, 816 I BGB).

[„Jungbullen-Fall" (BGH, Urt. v. 11.01.1971 - VIII ZR 261/69): Farmer F werden zwei Jungbullen gestohlen, die der Dieb D an den Metzger M verkauft. M verarbeitet die Bullen zu Wurst und wird Eigentümer (§ 950 BGB). Hat F gegen M einen Anspruch auf Wertersatz?]

Lösung: M hätte an den abhandengekommenen Bullen auch rechtsgeschäftlich gutgläubig kein Eigentum erwerben können (§ 935 I BGB), sodass M nach den sachenrechtlichen Wertungen weniger schützenswert ist. **Direktkondiktion** des F gegen M nach §§ 951 I 1, 812 I 1 Alt. 2, 818 II BGB besteht. Eine Entreicherung des M i.H.d. an D gezahlten Kaufpreises scheidet aus (vgl. S. 117).

Zur Abgrenzung (keine Direktkondiktion):
[„Einbau-Fall" (BGH, Urteil vom 27.5.1971 - VII ZR 85/69): Lieferant L liefert an Werkunternehmer W unter Eigentumsvorbehalt Baustoffe. Vor vollständiger Kaufpreiszahlung baut W die Baustoffe im Rahmen eines Bauvertrags in das Haus des Bestellers B ein, wodurch B Eigentümer wird (§ 946 BGB). Nachdem W insolvent wird will, L gegen B vorgehen.]

Lösung: B hätte die Baustoffen auch rechtsgeschäftlich gutgläubig von W erwerben können (§§ 932 ff. BGB, § 366 HGB), sodass B nach den sachenrechtlichen Wertungen schützenswert ist und eine Direktkondiktion des L gegen B nach §§ 951 I 1, 812 I 1 Alt. 2 BGB ausscheidet.

B. Durchlieferungsfälle
Eine oder beide Leistungsbeziehungen gestört

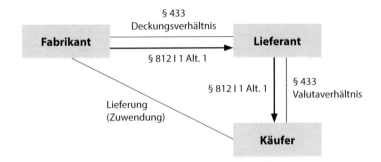

- Leistungskondiktion anhand der jeweils gestörten Leistungsbeziehung
- Bei Störung beider Leistungsbeziehungen (Doppelmangel ist fraglich, was Anweisender erlangte?

Lösung h.M. früher: Kondiktion gegen Empfänger (Folge: Kondiktion des Kondiktionsanspruchs).
Heute: Zuwendungsgegenstand (nach normativer Betrachtung - Folge: Wertersatz)

[Fall: K kauft vom Lieferant L einen Kühlschrank, welchen L beim Fabrikant F bestellt. Um unnötige Wege zu sparen bittet L den F den Kühlschrank direkt an K zu liefern. Nachdem K den Kühlschrank erhalten hat, stellt sich heraus, dass beide Kaufverträge nichtig sind. Welche Ansprüche hat F?]

Lösung: Ein Anspruch F gegen K auf Rückübereignung und Rückgabe des Kühlschranks aus Leistungskondiktion (§ 812 I 1 Alt. 1 BGB) scheidet aus, denn F hat aus Sicht des K nicht eine Verbindlichkeit gegenüber ihm, sondern gegenüber L erfüllen wollen. Eine Leistungsbeziehung zwischen F und K besteht nicht.

[Anm.: Zum Problem der Übergabe bei verkürzten Lieferwegen (doppelter Geheißerwerb) vgl. S. 16]

F hat aber einen Anspruch gegen L auf Rückübereignung und Rückgabe des Kühlschranks aus Leistungskondiktion (§ 812 I 1 Alt. 1 BGB). Zwar hat L keine Befreiung von einer Verbindlichkeit gegenüber K erlangt, denn der Kaufvertrag zwischen L und K war nichtig. Die früherer h.M. hat den Kondiktionsanspruch des L gegen K als vermögenswerten Vorteil eingeordnet, was aber zu einer unbilligen Verdopplung der Insolvenzrisiken führen würde. Nach heute h.M. ist L im Zuge einer wertenden Betrachtungsweise bereicherungsrechtlich so zu behandeln, als ob er den Kühlschrank zunächst von F übergeben und übereignet bekommen hätte und anschließend an K weiterübereignet und übergeben hätte. F kann von L Übereignung und Herausgabe des Kühlschranks verlangen. Sollte K nicht zur Eigentumsübertragung an L nicht bereit (oder wegen Wirksamkeit des Kaufvertrags zwischen K und L nicht verpflichtet) sein, hat L dem F Wertersatz zu leisten, § 818 II BGB.

C. Anweisungsfälle

Zuwendung *nicht zurechenbar* vom „Anweisenden" veranlasst und/oder *Unredlichkeit* des Empfängers

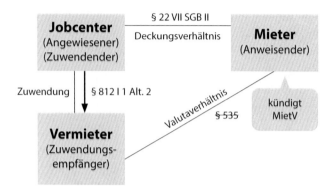

Fall (nach BGH, Urt. v. 31.1.2018 - VIII ZR 39/17): Vermieter V vermietete Mieter M ein Einfamilienhaus. M bezog für Kosten der Unterkunft und Heizung Leistungen nach SGB II vom Jobcenter J. Die Mietzahlungen erfolgten auf Antrag der M direkt durch J an V (§ 22 VII 1 SGB II). Das Mietverhältnis endete zum Ablauf des Monats Juli. Fünf Tage vor Mietende reichte M bei J einen Mietvertrag über eine neue Wohnung ein. Dennoch zahlte J die Miete für August an V mit dem Verwendungszweck „Miete M August". Der späteren Aufforderung des J, diesen Betrag zurückzuzahlen, kam V nicht nach. Hat J einen Rückzahlungsanspruch gegen V?

Lösung: Kein Anspruch J gegen V auf Erstattung aus § 812 I 1 Alt. 1 BGB, da aus Sicht des V keine Leistung der J an ihn vorlag. Keine Tilgung fremder Schulden (§ 267), da J keinen Fremdtilgungswillen hatte, sondern seiner eigenen Verpflichtung zur Unterstützung durch staatliche Transferleistungen nachkommen wollte.
Aber Anspruch J gegen V aus **Direktkondiktion** gem. § 812 I 1 Alt. 2 BGB. An einer vorrangigen Leistung des M an V fehlt es, weil V die Zuvielforderung nach Kündigung des Mietverhältnisses als solche erkannte und sich nach wertender Betrachtungsweise als unredlicher Zuwendungsempfänger (analog §§ 173, 122 II BGB) von J in Anspruch lassen nehmen muss, während M aus der bereicherungsrechtlichen Rückabwicklung herauszuhalten ist. V hat gegenüber J auch keinen Rechtsgrund zum Behaltendürfen der Zuvielforderung. Ausnahmsweise **Direktkondiktion**, um schützenswerten Anweisenden herauszuhalten.

[Anm.: Ein Anspruch J gegen M scheitert hingegen, da M schon nichts erlangte.]

WEITERE BEISPIELSFÄLLE für nicht zurechenbare Anweisung: minderjähriger/geisteskranker „Anweisender"; abgepresste o. gefälschte Anweisung; widerrufener Zahlungsauftrag (§ 650u BGB); doppelte Ausführung einer Überweisung wg. Bankfehler.

D. Drittleistungsfälle (§ 267 BGB)

Dritter gibt *eigene* Tilgungsbestimmung mit *Fremd*tilgungswillen ab (anders bei Anweisungsfällen, wo Dritter fremde Tilgungsbestimmung als Bote überbringt). Schuldner erlangt Befreiung von Verbindlichkeit. *Keine* wirksame Forderung zw. Gläubiger und Schuldner (mangelhaftes Valutaverhältnis). Vom Schuldner erkennbar *nicht* veranlasste Drittleistung:

Dritter → Leistungsempfänger („Gläubiger"), § 812 I 1 Alt. 1 BGB (h.M.: Leistungskondiktion)

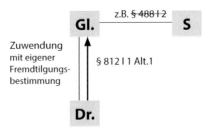

Ausnahmsweise **Direktkondiktion**: S hat für Leistung des Dr. keine Veranlassung gegeben, ist daher schützenswert und aus der bereicherungsrechtlich Rückabwicklung herauszuhalten.

E. Zessionsfälle (§ 398 BGB)

Nach Abtretung bleibt Schuldverhältnis zwischen Schuldner und Zedenten bestehen. Zuwendungen des Schuldners (auch an den Zessionar) sind grundsätzlich als Leistung an den Zedenten zu verstehen.

Unwirksamkeit des Abtretungsvertrags und keine Abtretungsanzeige:

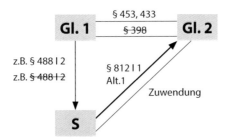

Die Abtretung ist unwirksam, der Zedent hat die Abtretung nicht angezeigt. Dieser Fall wird unterschiedlich, nämlich nach Wertungsgesichtspunkten, gelöst. Grundsätzlich besteht ein Anspruch des Schuldners gegen den Zessionar aus § 812 I 1 Alt. 1 BGB, weil der Mangel im Valutaverhältnis liegt, und der Schuldner nicht mit Einwendungen aus diesem Rechtsverhältnis behelligt werden soll, an dem er nicht beteiligt ist (**Direktkondiktion**).

F. Vertrag zugunsten Dritter (§ 328 BGB)

Bei Mangel im Deckungsverhältnis (zwischen Versprechungsempfänger und Versprechendem):

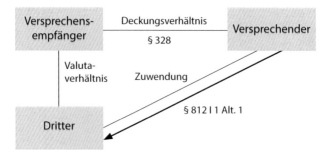

Ausnahmsweise: Direktkondiktion (§ 812 I 1 Alt. 1 BGB) Versprechender gegen Dritten nur, wenn Dritter in Abweichung zu § 335 BGB ein von dem Valutaverhältnis unabhängiges Forderungsrecht gegen Versprechenden hat („Makler-Courtage"-Fall) oder wenn Forderungsrecht zur Versorgung des Dritten dient, § 330 BGB.

UNSERE ZEITSCHRIFT „RECHTSPRECHUNGS-AUSWERTUNG" (RA)
Ihre unverzichtbare Begleitung für die juristische Ausbildung!

Unsere Mission: Die „Rechtsprechungs-Auswertung" (RA) ist eine juristische Ausbildungszeitschrift, die Sie umfassend und praxisnah auf Ihre Prüfungen vorbereitet. Mit unserer strukturierten Aufbereitung der aktuellen Rechtsprechung bieten wir Ihnen das ideale Werkzeug, um den Durchblick in der komplexen Welt der Gesetze und Urteile zu behalten.

Jede Ausgabe der RA folgt einem bewährten und didaktisch durchdachten Schema, das Ihnen hilft, sich optimal auf Ihre Prüfungen vorzubereiten. Dabei werden die Entscheidungen genauso dargestellt, wie es in Ihrer Klausur im Gutachtenstil oder im zweiten Examen im Urteilsstil (sofern sich dies anbietet) erwartet wird.

Darüber hinaus erhalten Sie zu aktuellen Gesetzesreformen oder besonders einschneidenden Themen kostenlose Sonderbeilagen.

Speziell für Referendare haben wir einen separaten Bereich eingerichtet: Hier finden Sie die wichtigsten Entscheidungen, die für Ihr zweites Staatsexamen relevant sind. Diese werden besonders hervorgehoben und detailliert erläutert.

Print- oder Digital: Die RA ist sowohl in gedruckter Form als auch digital erhältlich, damit Sie flexibel entscheiden können, wie Sie Ihre Lerninhalte konsumieren möchten.

verlag.jura-intensiv.de

Stand: Juni 2024

Produktübersicht
Stand: Juni 2024

INTENSIV-Skripte ab dem 1. Semester

BGB AT	6. Auflage | 07/21
Schuldrecht AT	7. Auflage | 05/24
Arbeitsrecht	6. Auflage | 09/21
Grundrechte	8. Auflage | 04/24
Verwaltungsrecht AT	7. Auflage | 02/21
Verwaltungsprozessrecht	7. Auflage | 06/24
Strafrecht AT I	6. Auflage | 07/20
Strafrecht AT II	6. Auflage | 08/20
Strafrecht BT I	7. Auflage | 03/22
Strafrecht BT II	7. Auflage | 03/22
Strafrecht BT III	2. Auflage | 10/20

CRASHKURS ab dem Hauptstudium

Crashkurs Zivilrecht	9. Auflage | 09/23
Crashkurs Strafrecht	10. Auflage | 05/24
Crashkurs Öffentliches Recht	
Baden-Württemberg	10. Auflage | 01/24
Bayern	8. Auflage | 06/24
Berlin	9. Auflage | 09/23
Brandenburg	7. Auflage | 01/24
Hessen	10. Auflage | 02/24
Niedersachsen	7. Auflage | 07/23
Nordrhein-Westfalen	9. Auflage | 02/24
Rheinland-Pfalz	9. Auflage | 10/23
Saarland	8. Auflage | 09/23
Sachsen	7. Auflage | 07/23
Sachsen-Anhalt	9. Auflage | 06/24
Thüringen	8. Auflage | 02/24
Crashkurs Handels- und Gesellschaftsrecht - MoPeG	2. Auflage | 03/24
Crashkurs Arbeitsrecht	9. Auflage | 01/24

Lernmaterialien

Klausurblock 10er Pack	80 Seiten | 80g/m²

KOMPAKT ab dem 1. Semester / 3. Semester

Zivilrecht	4. Auflage | 06/24
Sachenrecht und gesetzl. Schuldverhältnisse mit allg. Schadensrecht	
Öffentliches Recht	
Bundesrecht	4. Auflage | 11/23
Baden-Württemberg	6. Auflage | 06/24
Hessen	6. Auflage | 02/24
NRW	5. Auflage | 10/23
Rheinland-Pfalz	5. Auflage | 11/22
Sachsen	4. Auflage | 09/23
Strafrecht	6. Auflage | 05/24

Schwerpunkt ab dem Hauptstudium

Steuerrecht	3. Auflage | 05/23
Völkerrecht	3. Auflage | 06/22

CRASHKURS Assex ab dem Referendariat

Crashkurs Assex	6. Auflage | 04/24
Anwaltsklausur - Zivilrecht	
Crashkurs Assex	2. Auflage | 03/24
Anklage und Einstellung - S1-Klausur	
Crashkurs Assex	7. Auflage | 03/24
Strafurteil - S2-Klausur	

Weitere Informationen und Preise zu unseren Produkten finden Sie in unserem Onlineshop!
verlag.jura-intensiv.de

Ausbildungszeitschrift RA ab dem Hauptstudium

RA Rechtsprechungs-Auswertung
RA Print	Einzelausgabe
RA Digital	Einzelausgabe
RA Print	Abo - monatlich Kündbar
RA Digital	Abo - monatlich Kündbar
RA Abo Plus	Print + Digital

RA Jahresausgabe
gebundene Ausgabe in einem Band

Karteikarten für das 1. Examen ab dem 1. Semester

Karteikarten Zivilrecht
Karteikartensatz 5. Auflage | 01/23

Karteikarten Handels-und Gesellschaftsrecht - MoPeG
Karteikartensatz 1. Auflage | 01/23

Karteikarten Strafrecht
Karteikartensatz 5. Auflage | 01/24

Karteikarten Öffentliches Recht
Baden-Württemberg	5. Auflage	01/24
Bayern	3. Auflage	01/24
Berlin	5. Auflage	01/24
Brandenburg	5. Auflage	01/24
Bremen	5. Auflage	01/24
Hamburg	5. Auflage	01/24
Hessen	5. Auflage	01/24
Niedersachsen	3. Auflage	01/24
NRW	5. Auflage	01/24
Rheinland-Pfalz	5. Auflage	01/24
Saarland	5. Auflage	01/24
Sachsen	5. Auflage	01/24
Sachsen-Anhalt	5. Auflage	01/24
Thüringen	5. Auflage	01/24

Assex-Karteikarten ab dem Referendariat

Assex Karteikarten Zivilrecht
Karteikartensatz 4. Auflage | 08/23

Assex Karteikarten Arbeits-und Wirtschaftsrecht
Karteikartensatz 4. Auflage | 08/23

Assex Karteikarten Strafrecht
Karteikartensatz 4. Auflage | 08/23

Assex Kareikarten Öffentliches Recht
Baden-Württemberg	4. Auflage	08/23
Berlin	4. Auflage	08/23
Brandenburg	4. Auflage	08/23
Hessen	4. Auflage	08/23
NRW	4. Auflage	08/23
Rheinland-Pfalz	4. Auflage	08/23

Digitale Karteikarten ab dem 1. Semester

Prüfungswissen Strafrecht AT I
2.0 inkl. Updates   174 digitale Karteikarten

Prüfungswissen Strafrecht AT II
2.0 inkl. Updates   172 digitale Karteikarten

Definitionstrainer und Prüfungsschemata
Strafrecht 2.0 inkl. Updates   191 digitale Karteikarten

Prüfungswissen BGB AT
2.0 inkl. Updates   274 digitale Karteikarten

Search

Jura Intensiv - Social Media

Instagram • juraintensiv

Tauche ein in die Welt der Rechtswissenschaft! Erhalte fundierte Informationen zu aktuellen Gerichtsentscheidungen, Examensreporten, Kursen und spannenden Auszügen aus unseren Karteikarten. Bleibe am Puls der Rechtsprechung und bereite Dich optimal auf Deine Prüfungen vor.

YouTube • Jura Intensiv

Deine Fragen, unsere Antworten! In unseren FAQ-Videos beantworten wir Deine wichtigsten Fragen. Erkunde verschiedene Fachgebiete mit unseren Jura-Videos und erweitere Dein Verständnis der Rechtswissenschaft. Entdecke unser Kursangebot und finde das passende für Dich.